DIAGNOSTIC-PAYS SYSTÉMATIQUE

Promouvoir une prospérité partagée au Tchad

Voies et préalables dans un pays enclavé
en proie à la fragilité et aux conflits

FULBERT TCHANA TCHANA, ABOUDRAHYME SAVADOGO
ET CLAUDIA NOUMEDEM TEMGOUA

Table des matières

Avant-propos   *vii*
Remerciements   *ix*
Résumé analytique   *xi*
Sigles et abréviations   *xxi*

Introduction   **1**
Note   2

CHAPITRE 1 Progrès accomplis vers la réalisation du double objectif depuis 2015   3

Contexte général   3
Présentation du pays et situation économique   3
Évolution de la pauvreté   9
Pauvreté non monétaire   15
Inégalités et prospérité partagée   24
Accès limité à l'emploi   25
Notes   27
Références bibliographiques   28

CHAPITRE 2 Principaux obstacles à la réduction de la pauvreté et à la prospérité partagée   29

Contexte général   29
Obstacles relevés en 2015 qui subsistent   29
Obstacles croissants non relevés par le SCD de 2015   39
Notes   44
Références bibliographiques   45

CHAPITRE 3 Préalables essentiels pour tirer parti des possibilités   47

Contexte général   47
Surmonter les obstacles   47
Renforcer le contrat social par le biais d'institutions responsables et inclusives   48
S'adapter au changement climatique et améliorer la gestion des ressources naturelles   51
Assurer une bonne gestion macrobudgétaire et un environnement favorable aux entreprises   55
Notes   59
Références bibliographiques   59

CHAPITRE 4 **Principales voies à suivre** **61**

Contexte général   61

Renforcer le capital humain et réduire les disparités entre les sexes   61

Améliorer l'infrastructure pour offrir des services de meilleure qualité   68

Promouvoir la diversification et les secteurs susceptibles de créer des emplois   73

Notes   77

Références bibliographiques   78

CHAPITRE 5 **Lacunes en matière de connaissances** **79**

Note   82

Annexe A **Référentiel du diagnostic systématique du Tchad** **83**

Annexe B **Parties prenantes des consultations au Tchad** **85**

Cartes

1.1 Répartition géographique de l'indice numérique de pauvreté monétaire, 2018   13

1.2 Répartition géographique de l'indice de pauvreté multidimensionnelle, 2018   14

2.1 Violences politiques au Tchad, par nature, 2013-2020   40

Figures

RA.1 Synthèse du diagnostic-pays systématique   xv

1.1 Évolution de la population, par tranche d'âge, 1980-2050   4

1.2 Population, par âge et par sexe, 2019   5

1.3 Réfugiés et déplacés internes au Tchad, 2014-2020   6

1.4 Évolution du PIB par habitant, 2014-2020   7

1.5 PIB par habitant en PPA, 2000-2020   8

1.6 Croissance du PIB, 2010-2020   8

1.7 Évolution des indicateurs nationaux de la pauvreté, 2003, 2011 et 2018   9

1.8 Incidence de la pauvreté et nombre de pauvres, par zone, 2011 et 2018   10

1.9 Évolution des taux de pauvreté, par zone agroécologique, 2011 et 2018   11

1.10 Évolution des taux de pauvreté, par région, 2011 et 2018   11

1.11 Taux brut de scolarisation dans le primaire, 2003, 2015 et 2018   15

1.12 Taux net de scolarisation dans le secondaire, 2018   16

1.13 Taux brut de scolarisation dans le supérieur   17

1.14 Raisons de ne pas aller à l'école, enfants de 6 à 17 ans, 2018   18

1.15 Raisons de ne pas aller à l'école, filles de 14 à 19 ans, 2018   18

1.16 Santé maternelle et taux de fécondité   20

1.17 Propriété de biens, 2011 et 2018   21

1.18 Accès aux services de base, par zone, 2011 et 2018   22

1.19 Accès aux services de base, Tchad et pays comparables, 2017-2018   23

1.20 Taux de mortalité attribué à l'insalubrité de l'eau, aux mauvaises conditions sanitaires et au manque d'hygiène, 2016   23

1.21 Courbes d'incidence de la croissance, 2011-2018   24

1.22 Catégorie professionnelle de la population active, 15 ans et plus, 2018   26

1.23 Proportion de chercheurs d'un premier emploi parmi les chômeurs âgés de 15 ans et plus, 2018   27

2.1 Accès aux services de base, Tchad et pays comparables, 2017-2018   30

2.2 Accès aux services de base, par zone, 2011 et 2018   31

2.3   Principaux défis du secteur de l'électricité au Tchad   32
2.4   Indice numérique de pauvreté, selon le nombre d'enfants
       du ménage, 2018   35
2.5   Indice numérique de pauvreté, selon le sexe du chef de ménage, 2018   36
2.6   Recettes publiques, 2010-2020   42
2.7   Soldes budgétaire et courant, 2010-2020   42

Tableaux

2.1   Principaux indicateurs de prestation de services   38
2.2   Indices de transparence, Tchad et groupes sélectionnés   39
4.1   Programme Énergie du Groupe de la Banque mondiale au Tchad   70
5.1   Services d'analyse et de conseil au Tchad, 2016–2021   80
A.1   Base de comparaison pour le diagnostic-pays systématique, Tchad   83
B.1   Consultations des parties prenantes au Tchad, 13–17 septembre 2021   85

Avant-propos

J'ai le plaisir de vous présenter la version livre du nouveau diagnostic-pays systématique (*Systematic Country Diagnostic* [SCD]) du Tchad publié en 2022, qui est intitulé *Promouvoir une prospérité partagée au Tchad : voies et préalables dans un pays enclavé en proie à la fragilité et aux conflits*. Avec cette nouvelle publication, la Banque mondiale entend mettre la connaissance de l'économie tchadienne à la portée d'un public plus large, ainsi que de la communauté de chercheurs intéressés par les problèmes économiques de ce pays.

Ce livre donne de nouvelles informations sur les progrès accomplis dans la réduction de la pauvreté et la promotion d'une prospérité partagée au Tchad en revisitant le cadre global et les moyens d'action définis dans le SCD 2015. Il s'appuie sur des travaux récents pour proposer un ensemble plus détaillé d'actions prioritaires à entreprendre pour surmonter les obstacles recensés, lesquels entravent la réalisation du double objectif de la Banque mondiale dans le pays. Ce nouveau SCD 2022 sera particulièrement utile à la prochaine Note sur l'action menée dans le pays.

Le livre recense huit obstacles qui freinent la croissance économique et la réduction de la pauvreté, parmi lesquels cinq obstacles majeurs déjà relevés en 2015, à savoir : a) faible capital humain et lenteur de la transition démographique, b) productivité et rendement social limités des activités économiques en milieu rural, c) faible accès aux infrastructures et aux services, d) accroissement des inégalités entre les sexes et e) piètre qualité des services offerts par l'administration publique. Trois nouveaux obstacles sont apparus au cours des cinq dernières années, qui sont : a) violence et fragilité ; b) instabilité des recettes pétrolières, mauvaise gestion macroéconomique et problèmes de viabilité de la dette ; et c) environnement et changement climatique.

Ce livre propose des réformes substantielles à mener pour surmonter ces obstacles et accélérer la réduction de la pauvreté. Les trois voies envisagées pour ce faire ont trait à : a) l'accumulation croissante du capital humain, en mettant l'accent sur la prise en compte des questions de parité hommes-femmes ; b) l'amélioration de l'infrastructure en vue d'une meilleure prestation de services ; et c) la promotion de la diversification de l'économie et des secteurs présentant un avantage stratégique pour créer des emplois plus nombreux et de meilleure qualité. Toutefois, le succès des réformes dépendra de la capacité du pays à : a) renforcer le contrat social par le biais d'institutions responsables et inclusives, b) s'adapter au changement climatique et améliorer la gestion des ressources naturelles, et c) assurer une bonne gestion macrobudgétaire et un environnement favorable aux entreprises.

Ce livre est publié à un moment critique de l'histoire du pays. Le Tchad se trouve en effet dans une phase de transition politique et dans un processus de dialogue national auquel participent presque toutes les couches de la société. S'il est couronné de succès, ce processus apportera paix et stabilité, lesquelles sont essentielles au développement économique. Je formule le voeux que ce livre contribue également à ces efforts alors que la Banque mondiale continue de soutenir le pays dans le cadre d'IDA-20.

Raşit Pertev
Représentant résident pour le Tchad
Groupe de la Banque mondiale

Remerciements

Le présent diagnostic-pays systématique (*Systematic Country Diagnostic* [SCD])
a été réalisé sous la direction de Fulbert Tchana Tchana (économiste principal),
d'Aboudrahyme Savadogo (économiste) et de Claudia Noumedem Temgoua
(économiste), avec une équipe de base composée de Jean Pierre Chauffour (responsable de programme), Pierre Xavier Bonneau (spécialiste principal des
transports et responsable de programme), Christophe Rockmore (responsable
de programme), Micky O. Ananth (analyste des opérations), Theresa Bampoe
(assistante de programme) et Nicolas Amadai (assistante de programme).

L'équipe de base s'est appuyée sur les compétences sectorielles de collègues
de divers Pôles d'expertise (GP) et domaines de solutions transversales (CCSA)
du Groupe de la Banque mondiale. Le tableau ci-dessous identifie les membres

PÔLE MONDIAL D'EXPERTISE OU THÉMATIQUE MONDIALE	MEMBRE(S) DE L'ÉQUIPE
Agriculture	Ziva Razafintsalama
Éducation	Harisoa Danielle Rasolonjatovo Andriamihamina, Zacharie Ngueng
Énergie	Yuriy Myroshnychenko, Abdou Toure, Alexis L. E. Madelain
Environnement et foresterie	Aurélie Marie Simone Monique Rossignol, Ellysar Baroudy
Industries extractives	Silvana Tordo
Finance, compétitivité et innovation	Mamoudou Nagnalen Barry
Fragilité, conflit et violence	Rebecca Lacroix, Catalina Quintero
Parité hommes-femmes	Daniel John Kirkwood
Gouvernance	Kandi Magendo, Ousmane Maurice Megnan Kolie, Monique Ndome Didiba, Sidy Diop
Santé, nutrition et population	Andy Tembo, Jean-Claude Taptue, Nicola Rosemberg
Société financière internationale	Sabri Youcef Draia, Volker Treichel, Julie Lohi, Cesar Baira Dering, Inoussa De Youba Ouedraogo, Konan Jean Marcel Niankoun
Services juridiques	Sophie Wernert
Macroéconomie, commerce et investissement	Fulbert Tchana Tchana, Claudia Noumedem Temgoua, Koami D. Amegble, Olanrewaju Kassim
Pauvreté et équité	Aboudrahyme Savadogo, Clarence Tsimpo, Nadia Belhaj Hassine Belghith

PÔLE MONDIAL D'EXPERTISE OU THÉMATIQUE MONDIALE	MEMBRE(S) DE L'ÉQUIPE
Développement du secteur privé, commerce, compétitivité et diversification de l'économie	Cesar Baira Dering, Kathryn Hulseman, Francine Fernandez
Développement social	Claudia Zambra Taibo
Télécommunications	Tounwende Alain Sawadogo
Transport	Danye Aboki
Développement urbain, résilience et foncier	Nathalie Andrea Wandel, Oscar A. Ishizawa, Cecile Lorillou
Eau	Aude-Sophie Rodella, Taibou Maiga, François Bertone

de l'équipe représentant chacun de ces GP et CCSA qui, par leur connaissance et expérience spécifiques de la situation du Tchad, ont contribué à titre d'expert à tout le processus de préparation du présent SCD.

L'équipe remercie le comité de lecture composé de Mark Andrew Dutz (économiste principal), Allen Dennis (responsable de programme), Yutaka Yoshino (économiste-pays principal), Nandini Krishnan (économiste principal), Aly Sanoh (économiste principal), Pablo Fajnzylber (directeur, Stratégie et opérations, infrastructure), Franck Bousquet (directeur principal, Fragilité, conflit et violence), Soukeyna Kane (directrice, Fragilité, conflit et violence), Reynaldo F. Pastor (conseiller juridique principal), Alberto Rodriguez (directeur, Stratégie et opérations, Développement humain), Hoveida Nobakht (directrice principal par intérim, Développement durable), Simeon K. Ehui (directeur régional, Développement durable) et Hana Brixi (directrice mondiale, Parité hommes-femmes), et le Groupe sur le changement climatique, de leurs commentaires constructifs et perspicaces. L'équipe remercie également Oscar Parlback de son appui éditorial et Rolf Parta d'avoir facilité les consultations internes et externes avec les parties prenantes.

Enfin, nous exprimons notre gratitude à Clara Ana Coutinho de Sousa (directrice des opérations), Abebe Adugna Dadi (directeur régional), Rasit Pertev (représentant résident), Kofi Nouve (responsable des opérations), Theo David Thomas (directeur sectoriel du pôle macroéconomie), Johan A. Mistiaen (directeur sectoriel du pôle reduction de la pauvreté), Yue Man Lee (économiste principal) et Faruk Khan (conseiller économique) pour leurs conseils, leur soutien et leurs observations fort utiles.

Tout au long du processus de préparation du présent SCD, l'équipe a consulté Aboubakar Adam Ibrahim (directeur général de l'économie au ministère de l'Économie, de la Planification du Développement et de la Coopération internationale – MEPDCI), Douzounet Mallaye (directeur des analyses et des études prospectives, MEPDCI), Gadom Djal Gadom (directeur des stratégies et politiques économiques, MEPDCI), Dobingar Allesembaye (directeur général des études et prévisions, MEPDCI) et Saleh Idriss Goukouni (Directeur des études et de la prévision, ministère des Finances et du Budget) qui ont été d'un grand soutien. L'équipe se félicite également des idées et suggestions des participants aux consultations des parties prenantes tenues en mode semi-virtuel du 13 au 17 septembre 2021 à N'Djaména (la liste complète des participants figure à l'annexe B).

Résumé analytique

L'économie tchadienne a régressé depuis 2015, empêchant le pays de réduire la pauvreté et d'améliorer ses résultats en matière de développement.

Le Tchad reste l'un des pays les moins avancés au monde, et son PIB par habitant a diminué depuis 2015. Son produit intérieur brut (PIB) par habitant (en dollars constants de 2010) était de 710 dollars en 2019, ce qui marque un net recul par rapport aux 961 dollars de 2014 et est inférieur à la moyenne respective de 840 et 1590 dollars pour les pays à faible revenu et l'Afrique subsaharienne. Reflétant cette piètre performance économique, le pays occupait le 187ᵉ rang sur 189 pays au classement de l'indice de développement humain en 2020, et l'accès aux services de base et aux infrastructures y est faible par rapport aux autres pays comparables de la région ou sur le plan structurel.

Les progrès en matière de réduction de la pauvreté sont au point mort depuis 2015, alors que le nombre de personnes vivant dans l'extrême pauvreté a augmenté, ces deux tendances étant exacerbées par la pandémie de coronavirus 2019 (COVID-19). Bien que le taux d'extrême pauvreté ait diminué entre 2011 et 2018, les progrès piétinent depuis 2015 et la pandémie de COVID-19 a anéanti certains des acquis en 2020. En outre, le nombre de personnes vivant dans l'extrême pauvreté est passé de 5,8 millions en 2011 à 6,5 millions en 2018 en raison de la croissance démographique rapide et des modestes avancées accomplies dans la réduction du taux de pauvreté. Des simulations indiquent également que la pandémie a plongé 0,8 million de personnes supplémentaires dans la pauvreté en 2020. La pauvreté se concentre dans les zones rurales, et l'extrême pauvreté est élevée parmi les ménages engagés dans l'agriculture et ceux qui vivent à l'intérieur ou à proximité de zones touchées par un conflit.

La pauvreté multidimensionnelle reste très répandue. L'incidence de la pauvreté multidimensionnelle a légèrement diminué au cours des dix dernières années, mais les ménages vivent encore dans des conditions de dénuement sévères à plusieurs égards, notamment la scolarisation dans le primaire (75,7 %), l'analphabétisme (88,7 %) et l'accès aux services de base (90 %). La quasi-totalité de la population rurale n'est pas raccordée au réseau électrique, tandis que 40 % de l'ensemble des ménages et 46 % des foyers ruraux n'ont accès qu'à des sources d'approvisionnement en eau peu sûres. En raison des graves lacunes dans l'accès aux services de base, le nombre de décès imputables à l'insalubrité de l'eau, aux mauvaises conditions sanitaires et au manque d'hygiène était le plus élevé parmi les pays comparables en 2016 (le taux de mortalité attribué à ces causes au Tchad étant 1,4 fois supérieur à celui du Mali). Le pays continue également d'afficher un taux de fécondité élevé (5,7 naissances par femme en 2018, l'un des taux les plus élevés au monde, qui est supérieur à la moyenne de 4,8 pour l'Afrique subsaharienne), qui a de graves conséquences sur la santé des femmes.

L'insuffisance des perspectives d'emploi dans le secteur formel, qui est exacerbée par la croissance de la population dans les centres urbains et semi-urbains, explique l'absence de progrès sur le plan du développement. Malgré des taux d'emploi relativement élevés (73 % de la population totale âgée de 15 ans et plus participent au marché du travail), plus de 90 % de la population active travaillent soit de façon indépendante, soit pour des ménages, seulement 3 %, selon les estimations, occupent des postes de direction ou sont des employeurs, et 1,7 % constitue une main-d'œuvre qualifiée. L'accroissement de la population urbaine et semi-urbaine et du nombre de jeunes instruits ne s'est pas accompagné d'une augmentation proportionnelle des emplois dans le secteur formel. La plupart des actifs occupent des emplois peu spécialisés, tandis que les jeunes forment la majeure partie des chômeurs et des travailleurs découragés du pays. Le travail indépendant et les professions relativement peu productives dominent le secteur de l'emploi, et les taux d'emploi varient considérablement entre N'Djaména et d'autres zones urbaines et rurales.

L'analyse déroulée dans la présente mise à jour du SCD (diagnostic-pays systématique [*Systematic Country Diagnostic*]) confirme que les cinq obstacles majeurs relevés dans le SCD 2015 continuent de contrecarrer la croissance économique et la réduction de la pauvreté au Tchad :

1. **Le capital humain reste faible et la transition démographique est lente.** L'indice de capital humain (ICH)[1] du Tchad — une mesure du niveau de capital humain que les enfants nés aujourd'hui peuvent espérer atteindre à l'âge de 18 ans, en prenant en compte les risques en matière de santé et d'éducation propres à leur pays — n'était que de 0,3 en 2020, soit presque le même qu'en 2010. Cela signifie que les enfants nés au Tchad en 2020 ne pourraient espérer réaliser que 30 % de leur potentiel à l'âge adulte, ce qui place le Tchad au bas de la répartition de l'ICH mondial. Le taux d'achèvement des études primaires de ce pays est nettement inférieur à la moyenne de l'Afrique subsaharienne, et ses taux de mortalité des nouveau-nés, des enfants et des mères sont parmi les plus élevés au monde. Le faible niveau du Tchad en matière d'ICH s'explique en partie par le sous-investissement dans la santé et l'éducation et la lenteur de sa transition démographique (qui est due au taux de fécondité élevé), ce qui exerce une pression supplémentaire sur les ressources limitées disponibles.

2. **La productivité et les revenus issus de l'activité économique en milieu rural restent limités.** L'agriculture et l'élevage sont les principales activités économiques exercées dans les zones rurales, et les ménages qui en dépendent pour leur subsistance sont plus susceptibles d'être pauvres. Le manque d'investissements publics, d'outils et de technologies adéquats et d'améliorations

dans la gestion de l'eau et des terres explique la taille relativement modeste des exploitations foncières et les faibles gains de productivité dans le secteur agricole. En même temps, la mauvaise organisation des chaînes de valeur et de faibles capacités d'exportation limitent également la productivité agricole et pastorale.

3. **L'insuffisance et la précarité des investissements dans les infrastructures se traduisent par un faible niveau d'accès aux services de base.** Le Tchad affiche l'un des taux d'accès à l'électricité les plus bas au monde. En 2018, seulement 8 % de la population avait accès à l'électricité, selon les estimations, ce qui est nettement inférieur à la moyenne de l'Afrique subsaharienne qui est de 48 %. En outre, l'approvisionnement en électricité est caractérisé par d'importantes disparités entre les zones urbaines (20 %) et rurales (4 %). En 2015, à peine 10 % de la population bénéficiait de services d'assainissement adéquats, contre 28 % en moyenne en Afrique subsaharienne, tandis que 6 % seulement des Tchadiens avaient accès à l'Internet, contre 22 % et 15 % respectivement dans les pays d'Afrique subsaharienne et à faible revenu. Les investissements publics sont également incertains et procycliques : ils dépendent généralement des prix du pétrole, ce qui en compromet l'efficacité et la rentabilité. La réduction des dépenses d'investissement a eu des répercussions particulièrement néfastes pour le Tchad, compte tenu de la faiblesse de son stock de capital et des difficultés qui ont suivi dans le secteur social.

4. **Les inégalités entre les sexes au Tchad sont parmi les plus fortes au monde, et peu de progrès ont été accomplis à ce titre depuis 2015.** Les femmes et les filles sont confrontées à des inégalités dans tous les aspects de la vie. Il existe des disparités importantes entre les garçons et les filles dans l'enseignement secondaire, et plus de deux filles sur trois sont mariées à des hommes adultes alors qu'elles sont encore des enfants. L'interconnexion entre les abandons scolaires, les mariages précoces, les violences sexistes et les grossesses précoces devient plus prégnante lorsque les filles atteignent l'adolescence, ce qui a des conséquences négatives sur le capital humain et la productivité des femmes. Bien que le taux de mortalité maternelle ait diminué, passant de 1 450 décès pour 100 000 naissances vivantes en 1990 à 1 140 en 2017, il reste élevé et loin de la cible des ODD qui est de 70 à l'horizon 2030. En outre, la capacité des femmes à participer à l'économie et à profiter des possibilités qu'elle offre est compromise par les écarts importants entre les sexes en matière de productivité agricole, de résultats en entreprise et d'emploi.

5. **Les services publics sont faibles, leur qualité s'étant détériorée depuis 2015.** En matière de prestation de services, le Tchad se classe en dessous de la moyenne des pays comparables au niveau régional. Les services offerts sont insuffisants, coûteux et limités par la grande taille du pays, la faible densité de sa population et une urbanisation lente et peu ordonnée. De plus, l'efficacité des pouvoirs publics est entravée par les faiblesses de l'administration publique, la concentration des ressources et des décisions dans la capitale, le bas niveau des recettes et la vulnérabilité à des chocs tels que la COVID-19. La réduction des prestations sociales des fonctionnaires à cause de la crise économique récente a entraîné de nombreuses grèves, qui ont porté atteinte à la qualité des services publics.

Le présent SCD relève trois autres obstacles qui freinent de plus en plus les progrès dans la réduction de la pauvreté :

1. **L'insécurité et les conflits ont fortement augmenté depuis 2015 du fait de la prolifération de l'insécurité de sources internes et externes.** Le Tchad se trouve dans un processus de transition politique qui fait suite au décès du président Déby le 20 avril 2021. Les sources externes de risque incluent : a) les retombées des conflits régionaux et des déplacements forcés (y compris des conflits dans la région du lac Tchad, en Libye, en République centrafricaine et au Soudan) ; b) l'influence géopolitique d'interventions étrangères souveraines et privées ; et c) les activités de groupes criminels transnationaux. Au rang des facteurs internes de fragilité figurent : a) une gouvernance hypercentralisée et non inclusive ; b) l'exclusion et les déséquilibres régionaux qui alimentent les griefs ; c) la mainmise des élites, la mauvaise gouvernance et la faible capacité des collectivités locales à participer au secteur pétrolier, ce qui fait le lit des inégalités et de l'exclusion ; d) les dysfonctionnements du secteur de la sécurité et la faiblesse de l'état de droit qui empêchent l'exercice effectif de la justice et l'atténuation des conflits ; et e) les tensions intercommunautaires exacerbées par la raréfaction des ressources naturelles et le changement climatique. Si le Tchad a toujours été confronté à l'instabilité, l'ampleur et la nature multidimensionnelle de l'insécurité et des conflits qui l'accablent suscitent une nouvelle prise de conscience quant à l'urgente nécessité de s'attaquer aux causes de la fragilité, des conflits et de la violence (World Bank, 2019).

2. **Le développement économique du Tchad pâtit de l'instabilité des recettes pétrolières, d'une mauvaise gestion macroéconomique des chocs économiques et d'une dette insoutenable.** L'instabilité des recettes pétrolières est un facteur déterminant de la dynamique de croissance négative du pays ces dernières années, qui a conduit à l'adoption de douloureux programmes d'assainissement des finances publiques (World Bank, 2018). L'absence d'une stratégie claire pour gérer les fluctuations des prix du pétrole entrave la capacité du Tchad à tirer pleinement parti de sa manne pétrolière. En outre, la crise de la COVID-19 et les chocs qu'elle a provoqués attirent l'attention sur les dangers d'une dépendance excessive aux recettes pétrolières pour assurer la viabilité des finances publiques et la croissance économique. Malgré la restructuration de sa dette en 2015 et 2018, le Tchad est confronté à un risque élevé de surendettement depuis 2017. La dernière analyse de viabilité de la dette réalisée par la Banque mondiale et le Fonds monétaire international en 2020 a mis en évidence une situation d'endettement insoutenable, et un autre épisode de restructuration de la dette a commencé en 2021.

3. **Le Tchad est l'un des pays les plus vulnérables au changement climatique au monde**[2]. Le changement climatique favorise la désertification ; la dégradation des forêts, des sols et des habitats naturels ; l'appauvrissement de la biodiversité ; l'épuisement des nappes phréatiques ; et l'envasement des oasis. Il exacerbe également les épisodes de sécheresse et d'inondation qui deviennent plus fréquents. Cette vulnérabilité croissante aux aléas climatiques renforce davantage l'insécurité[3].

Le SCD propose six solutions pour remédier aux principaux obstacles qui freinent la réduction de la pauvreté (voir figure RA.1). La première comporte trois conditions transversales à remplir au préalable, à savoir renforcer le contrat

FIGURE RA.1

Synthèse du diagnostic-pays systématique

Objectif : Favoriser une croissance économique inclusive et la réduction de la pauvreté

Progrès accomplis vers la réalisation du double objectif depuis 2015
- Réduction de la pauvreté au point mort en raison de multiples crises économiques
- Diminution du PIB par habitant
- Création d'emplois limitée, en particulier dans le secteur formel

Obstacles recensés auparavant
- Faiblesse du capital humain et lenteur de la transition démographique
- Productivité et rendement social limités des activités économiques en milieu rural
- Faible accès aux infrastructures et aux services
- Accroissement des inégalités entre les sexes
- Piètre qualité des services offerts par l'administration publique

Obstacles croissants
- Violence et fragilité
- Instabilité des recettes pétrolières, faiblesse de la gestion macroéconomique et problèmes de viabilité de la dette
- Environnement et changement climatique

Préalables

**Préalable no 1 : Renforcer le contrat social par le biais d'institutions responsables et inclusives
Préalable no 2 : S'adapter au changement climatique et améliorer la gestion des ressources naturelles
Préalable no 3 : Assurer une bonne gestion macrobudgétaire et un environnement favorable aux entreprises**

Voies à suivre

Renforcer le capital humain et réduire les disparités entre les sexes
- Améliorer l'accès à l'éducation et à la formation et leur qualité
- Améliorer la performance des systèmes de santé et d'éducation
- Autonomiser les femmes et accélérer la transition démographique
- Renforcer les programmes de protection sociale

Améliorer l'infrastructure et la prestation de services
- Réformer le secteur de l'énergie pour en élargir l'accès
- Améliorer l'efficacité du secteur de l'eau
- Améliorer l'infrastructure de transport et les services de logistique
- Elargir le réseau de télécommunications

Promouvoir la diversification et les secteurs susceptibles de créer des emplois
- Promouvoir l'agriculture, l'élevage, la transformation des aliments et de la viande
- Soutenir l'économie numérique, élargir l'accès au crédit et encourager les paiements numériques

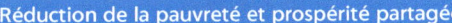

Réduction de la pauvreté et prospérité partagée

Source : Banque mondiale.

social, améliorer la gestion des ressources naturelles et s'adapter au changement climatique ; assurer une bonne gestion macrobudgétaire ; et mettre en place un environnement favorable aux entreprises. Ces préalables sont particulièrement importants pour surmonter les obstacles liés aux conflits, aux fluctuations des prix du pétrole, au changement climatique et aux faiblesses de l'administration publique. La deuxième série de solutions passe par trois voies pour accroître la productivité des travailleurs et améliorer l'accès à de meilleures possibilités de revenus : a) soutenir l'amélioration du capital humain en vue d'accroître la productivité des travailleurs, b) améliorer l'infrastructure pour stimuler la productivité, et c) promouvoir des secteurs présentant un avantage stratégique pour créer des emplois plus nombreux et de meilleure qualité.

Le succès des réformes dépendra de la capacité du pays à s'attaquer aux facteurs de FCV, s'adapter au changement climatique, promouvoir un cadre macrobudgétaire adéquat, et mettre en place un cadre réglementaire favorable aux entreprises.

Préalable no 1 : Renforcer le contrat social par le biais d'institutions responsables et inclusives[4]

Pour changer la trajectoire à moyen terme de la croissance et de la réduction de la pauvreté et s'attaquer aux problèmes de fragilité du pays, les autorités gagneront à renforcer la gouvernance, et particulièrement la confiance entre les citoyens et les pouvoirs publics. Bien que la violence au Tchad ait une forte composante transfrontalière et régionale, les risques de conflit actuels ont également des causes structurelles profondément enracinées. Pour réduire les risques de conflit, le gouvernement gagnerait à assurer une gouvernance plus inclusive et plus transparente aux niveaux national et infranational et renforcer l'état de droit, la justice et les mécanismes de règlement des différends. En outre, pour remédier aux situations de fragilité dans le pays, les politiques publiques devraient viser à renforcer la capacité à fournir des services de base ; transposer à plus grande échelle les solutions technologiques de l'administration publique ; fournir des services essentiels dans les zones à faible densité de population et en proie à l'insécurité ; assurer la continuité des opérations gouvernementales en période de crises telles que la pandémie de COVID-19 ; et lutter contre la corruption en rendant les services publics plus responsables.

Préalable no 2 : S'adapter au changement climatique et améliorer la gestion des ressources naturelles

L'impact du changement climatique et les mesures pour s'y adapter et, dans la mesure du possible, l'atténuer, sont intersectoriels. Le capital naturel du pays doit être bien entretenu pour renforcer le fonctionnement des écosystèmes et la productivité des activités économiques (par exemple, l'agriculture et l'élevage), et pour accroître la résilience de l'économie tchadienne face au changement climatique. Par exemple, l'augmentation du couvert arboré autour des zones agricoles permet de fixer le sol, d'atténuer les inondations et d'accroître la fertilité du sol, mais il génère aussi de l'ombre. Le changement climatique contribue à la hausse des températures et à l'intensification des cycles d'inondation et de sécheresse, qui sont susceptibles d'avoir les conséquences les plus néfastes sur les pauvres[5]. Cela suppose que les pouvoirs publics devraient veiller à faire en sorte que les futurs investissements dans des infrastructures telles que l'énergie, les routes, les télécommunications et la distribution d'eau accroissent la résilience du pays face aux chocs climatiques. De plus, des politiques budgétaires et monétaires qui évitent la surévaluation du taux de change et favorisent le crédit au secteur privé et qui améliorent la transparence et l'efficacité des recettes et de l'exploitation pétrolières (par exemple, par l'adoption de règles budgétaires) aideront le Tchad à mieux tirer parti de ses ressources naturelles.

Préalable no 3 : Assurer une bonne gestion macrobudgétaire et un environnement favorable aux entreprises

Pour assurer l'adéquation du cadre macroéconomique du Tchad et accélérer la croissance économique, le pays gagnera à poursuivre la restructuration de la dette, réformer le système d'investissement public et renforcer l'intégration régionale. Les initiatives de restructuration de la dette doivent prévoir une réduction de la valeur actuelle nette du pays et pourraient tirer profit de l'adoption du cadre commun du G20. Les politiques budgétaires intérieures devraient être axées sur la mobilisation de recettes non pétrolières (par exemple, en améliorant l'administration de la taxe sur la valeur ajoutée) et améliorer l'efficacité des fonctions de passation des marchés publics (par exemple, par une meilleure planification, budgétisation et mise en œuvre des investissements publics). Le Tchad gagnera aussi à renforcer son intégration économique avec les pays voisins et ceux disposant d'un littoral pour devenir plus compétitif. Il pourrait par exemple opter d' adopter des réformes favorables aux entreprises qui ont fait leurs preuves, accroître la disponibilité des données économiques et améliorer la coordination des projets de développement et la prestation de services.

Les voies à suivre pour accélérer la réduction de la pauvreté ont essentiellement trait au capital humain, à l'infrastructure et aux secteurs présentant des avantages stratégiques.

Voie no 1 : Renforcer le capital humain et réduire les disparités entre les sexes[6]

Des réformes doivent être entreprises pour renforcer le capital humain et réduire les disparités entre les sexes. Cela nécessitera d'élargir l'accès à une éducation et des soins de santé de qualité et d'améliorer le ciblage du système de protection sociale. On peut y arriver en : a) recrutant et affectant des enseignants et des professionnels de santé qualifiés dans toutes les régions du pays ; b) mettant à disposition les intrants, les équipements et les infrastructures qu'il faut pour les secteurs de l'éducation et la santé ; c) augmentant l'efficacité du système de formation pour répondre aux besoins du marché du travail du pays ; d) accordant la priorité aux soins de santé reproductive maternelle, néonatale, infantile et adolescente ; e) adoptant des politiques pour soutenir l'entrepreneuriat et l'autonomisation des femmes ; et f) augmentant les investissements dans les systèmes de protection sociale et de prestation de services afin d'élargir la couverture et d'améliorer la coordination des programmes de protection sociale qui peuvent servir de plateformes pour d'autres interventions axées sur la demande et pour la résilience face au climat.

Voie no 2 : Améliorer l'infrastructure en vue d'une meilleure prestation de services

Le Tchad gagnera à construire et entretenir des infrastructures essentielles dans les domaines de l'énergie, de l'eau, des transports et des télécommunications pour améliorer l'accès aux services de base et aux marchés. Pour ce faire, il faudra s'employer à : a) améliorer le contrôle technique et financier des entreprises publiques nationales en vue d'offrir des services plus efficaces d'une manière plus rentable ; b) accroître la participation privée dans le secteur des infrastructures ; c) réduire les inégalités régionales par un meilleur aménagement du territoire ; et d) rendre les infrastructures plus résilientes aux catastrophes, compte tenu de la vulnérabilité du Tchad au changement climatique. S'il faut améliorer l'entretien routier et la gouvernance des compagnies publiques d'approvisionnement en eau, l'accroissement de l'accès à l'énergie est la principale priorité du pays. Les réformes énergétiques potentielles comprennent le développement du marché régional des échanges d'électricité et l'augmentation des capacités de production locales ; le passage du diesel coûteux au fioul lourd ou à des sources d'énergie renouvelable pour la production d'électricité ; l'élargissement de l'accès à des services modernes d'approvisionnement en électricité (en réseau et hors réseau) ; et la réforme de la Société nationale d'électricité (SNE).

Voie no 3 : Promouvoir la diversification et les secteurs susceptibles de créer des emplois

Le Tchad gagnera à entreprendre des réformes en vue de promouvoir des secteurs présentant des avantages stratégiques et un fort potentiel de création d'emplois. Selon le diagnostic-pays du secteur privé (CPSD) (IFC, 2021) réalisé parallèlement au SCD et qui est complémentaire à celui-ci, le Tchad dispose d'un avantage comparatif révélé dans certains produits agricoles (par exemple, le bétail, la gomme arabique, les graines de sésame et le coton), le pétrole et les industries extractives. Sur la base d'une évaluation de l'élasticité de l'emploi, des perspectives de création d'une valeur ajoutée locale et de la diversification de l'économie, on peut affirmer que si le Tchad investit dans six secteurs stratégiques, à savoir l'agriculture, l'élevage, les activités connexes au secteur pétrolier, l'économie verte, l'agro-industrie ainsi que l'économie numérique et l'inclusion financière, il pourrait engranger des gains importants sur les plans économique et social. Pour exploiter pleinement le potentiel de ces secteurs, il faudra faire appel à l'innovation technologique et engager des réformes réglementaires. Une réforme foncière nationale devra être entreprise pour accroître l'activité et la productivité agricoles et remédier ainsi à la faiblesse de la productivité et des revenus agricoles mentionnés plus haut. Le pays gagnerait egalement à mettre pleinement en œuvre les règlements de la Communauté économique et monétaire de l'Afrique centrale (CEMAC) applicables au bétail qui, conjointement avec le regroupement des parties prenantes tout au long de la chaîne de valeur, joueront un rôle déterminant dans le secteur de l'élevage. Le gouvernement gagnerait par ailleurs à réformer sa politique budgétaire dans le but d'encourager la multiplication de solutions de paiement numérique, ce qui pourrait améliorer l'accès au crédit et l'inclusion financière.

NOTES

1. La valeur de l'indice varie entre 0 et 1,0.
2. Selon l'indice national 2021 de l'Initiative mondiale d'adaptation de l'université Notre Dame (ND-GAIN).
3. Le Tchad a publié sa Contribution déterminée au niveau national (CDN) en octobre 2021, laquelle décrit les efforts déployés par le pays pour réduire les émissions nationales et s'adapter aux effets du changement climatique. La CDN est également alignée sur la Vision 2030 du Tchad.
4. Ce préalable s'inscrit dans le cadre du « Rétablissement de la confiance entre les citoyens et l'État », l'un des quatre objectifs de haut niveau de la stratégie de la Banque mondiale pour la région Afrique de l'Ouest et du Centre (AFW).
5. Selon le Plan d'action sur le changement climatique (CCAP) actualisé de la Banque mondiale, les financements de la Banque mondiale seront davantage alignés sur les contributions déterminées au niveau national et sur les objectifs de l'Accord de Paris. À cette fin, le portefeuille de financements de l'institution en faveur du Tchad devra davantage tenir compte de la résilience face aux chocs climatiques, au-delà de l'examen initial des avantages connexes. Cela aidera à son tour le Tchad dans la mise en œuvre de sa CDN.
6. Cette voie coïncide avec l'objectif de « Renforcement du capital humain et d'autonomisation des femmes », qui est l'un des quatre objectifs de haut niveau de la stratégie de la Banque mondiale pour la région AFW.

RÉFÉRENCES BIBLIOGRAPHIQUES

IFC (International Finance Corporation). 2021. "A Country Private Sector Diagnostic for Chad." World Bank Group, Washington, DC.

World Bank. 2018. "Escaping Chad's Growth Labyrinth: Disentangling Constraints from Opportunities and Finding a Path to Sustainable Growth." World Bank, Washington, DC. https://elibrary.worldbank.org/doi/pdf/10.1596/30941.

World Bank. 2019. "Évaluation des Risques et de la Résilience dans la région du Sahel." Unpublished paper, World Bank, Washington, DC.

Sigles et abréviations

ACR	Avantage comparatif révélé
AFW	région Afrique de l'Ouest et du Centre (de la Banque mondiale)
ASA	Services d'analyse et de conseil (*Advisory Services and Analytics*)
BEAC	Banque des États de l'Afrique centrale
CCAP	Plan d'action sur le changement climatique (de la Banque mondiale)
CCDR	Rapport national sur le climat et le développement
CCSA	Domaine de solutions transversales (de la Banque mondiale)
CDN	Contribution déterminée au niveau national (au titre de la Convention-cadre des Nations Unies sur les changements climatiques)
CEMAC	Communauté économique et monétaire de l'Afrique centrale
COVID-19	Maladie à coronavirus 2019
CPF	Cadre de partenariat-pays
CPIA	évaluation de la politique et des institutions nationales
ECOSIT	Enquête sur la consommation et le secteur informel au Tchad
EDP	Examen des dépenses publiques
FCFA	Franc CFA d'Afrique centrale
FCV	Fragilité, conflit et violence
G5 Sahel	Groupe de pays comprenant le Burkina Faso, le Mali, la Mauritanie, le Niger et le Tchad
GFP	Gestion des finances publiques
GP	Pôle d'expertise (de la Banque mondiale)
GPE	Partenariat mondial pour l'éducation
ha	Hectare
INSEED	Institut national de la statistique, des études économiques et démographiques
IPM	Indice de pauvreté multidimensionnelle
IPS	Indice de parité des sexes
MENA	région Moyen-Orient et Afrique du Nord (de la Banque mondiale)

MEPDCI	Ministère de l'Économie, de la Planification du Développement et de la Coopération internationale
MSP	Ministère de la Santé publique
ND-GAIN	Indice national de l'Initiative mondiale d'adaptation de l'université Notre Dame
ODD	Objectif de développement durable
PIB	Produit intérieur brut
PPA	Parité de pouvoir d'achat
REER	Taux de change effectif réel
RRA	Évaluation des risques et de la résilience (*Risk and Resilience Assessment*)
SCD	Diagnostic-pays systématique (*Systematic Country Diagnostic*)
SNE	Société nationale d'électricité
SSA	Afrique subsaharienne
STE	Société tchadienne des eaux
TVA	Taxe sur la valeur ajoutée
WDI	Indicateurs du développement dans le monde

Sauf indication contraire, tous les montants en dollars sont en dollars américains (USD).

Introduction

Depuis le premier diagnostic-pays systématique du Tchad réalisé en 2015, l'économie tchadienne a connu deux épisodes de crise économique, ainsi que la pandémie de COVID-19, qui ont contrecarré les efforts de réduction de la pauvreté. Entre 2015 et 2020, la croissance économique s'est contractée en moyenne de 0,3 % par an, principalement en raison de la faiblesse des recettes pétrolières et de l'insécurité croissante dans la région. Si la pauvreté a reculé entre 2015 et 2018 à la faveur de la croissance du secteur agricole, des simulations montrent que la pandémie a contribué à la faire remonter de 5,5 % en 2020. En plus en avril 2021, le pays a entamé une transition politique à la suite du décès inattendu du président Idriss Deby Itno.

La pandémie actuelle de coronavirus 2019 (COVID-19) exacerbe les défis économiques et sociétaux du Tchad à des niveaux sans précédent. Par rapport aux pays d'Europe, d'Amérique du Nord, d'Amérique latine et des Caraïbes et d'Afrique australe, la propagation de la COVID-19 reste relativement limitée au Tchad jusqu'à présent, où l'on dénombrait 5 703 cas et 181 décès au 30 novembre 2021. Toutefois, l'impact sanitaire, sociétal et économique de la pandémie se fera sentir dans les années à venir, en particulier sur l'éducation des enfants et la nutrition de l'ensemble de la population, en raison de la perte de revenus.

Les travaux d'analyse approfondis menés depuis le SCD (diagnostic-pays systématique [*Systematic Country Diagnostic*]) de 2015 ont permis de dresser un diagnostic plus pointu et de redéfinir les priorités stratégiques. Ces travaux comprenaient une analyse de la croissance, une évaluation de la pauvreté, un examen des dépenses publiques (EDP), un rapport d'analyse économique du point de vue du genre, un diagnostic du secteur pétrolier, un rapport sur le secteur de l'eau et un diagnostic du secteur privé national[1]. S'ils permettent d'affiner le diagnostic réalisé en 2015, ils n'en modifient pas fondamentalement les conclusions générales. Le présent rapport constitue donc une mise à jour du SCD de 2015.

Cette mise à jour vise à : a) donner une description actualisée des progrès accomplis vers la réalisation du double objectif du Groupe de la Banque mondiale, à savoir réduire la pauvreté et promouvoir une prospérité partagée au Tchad ; b) revoir le cadre global et les voies à suivre définis dans le précédent SCD et y apporter les modifications nécessaires à la lumière des nouvelles informations issues des récents travaux d'analyse ; et c) tirer parti des travaux réalisés récemment pour définir un ensemble plus détaillé de priorités stratégiques en vue de s'attaquer aux obstacles recensés.

Cette mise à jour du SCD utilise un processus de hiérarchisation en quatre phases des obstacles recensés et des voies proposées. Premièrement, une analyse et un examen rigoureux des obstacles à la réalisation du double objectif de la Banque mondiale ont été effectués et sont présentés succinctement dans la section de diagnostic. Deuxièmement, l'équipe-pays de base a tenu des réunions avec les chefs d'équipe de projets de la Banque mondiale et leurs homologues pour affiner la liste des obstacles relevés. Troisièmement, l'équipe-pays tout entière s'est réunie lors d'un atelier sur le SCD pour examiner les conclusions de l'exercice et les consolider. Quatrièmement, une consultation formelle avec les parties concernées afin d'intégrer les points de vue et d'arrêter la liste des obstacles majeurs, des voies à suivre et des conditions préalables à remplir a conclu le processus.

Enfin, cette mise à jour du SCD va contribuer de façon essentielle au prochain Cadre de partenariat-pays (CPF) pour 2022-2026. Adopté en décembre 2015, le CPF actuel du Tchad devait prendre fin en 2020, mais a été prorogé jusqu'en 2022. Il portait essentiellement sur trois domaines d'action fondamentaux : a) le renforcement de la gestion des ressources publiques, b) l'amélioration des rendements agricoles et le renforcement des chaînes de valeur, et c) le développement du capital humain et la réduction de la vulnérabilité.

NOTE

1. Le chapitre 5 comporte une liste complète des travaux d'analyse effectués.

1 Progrès accomplis vers la réalisation du double objectif depuis 2015

CONTEXTE GÉNÉRAL

Si le taux de pauvreté a reculé entre 2011 et 2018, passant de 47 % à 42 %, la pandémie de coronavirus 2019 (COVID-19) a contrecarré les progrès du pays vers la réalisation du double objectif de la Banque mondiale qui consiste à mettre fin à l'extrême pauvreté et promouvoir une prospérité partagée. Selon les estimations, l'incidence de l'extrême pauvreté a augmenté de 5,5 % en 2020, et la pauvreté multidimensionnelle reste élevée. En outre, les difficultés d'accès aux infrastructures et services de base persistent. L'accès aux services publics ne s'est pas amélioré ces dernières années, et le Tchad reste à la traîne par rapport aux pays de référence, les disparités étant particulièrement importantes parmi les ménages pauvres. En 2018, moins de 2 % des ménages pauvres avaient accès à l'électricité, et 48 % de ceux-ci n'avaient pas accès à des sources d'eau améliorées. En raison des écarts importants dans l'accès aux services de base, le Tchad a enregistré le plus grand nombre de décès imputables à l'eau insalubre, aux mauvaises conditions sanitaires et au manque d'hygiène, par rapport aux pays de référence. Les indicateurs relatifs à l'accès à l'éducation et aux soins de santé sont également à la traîne, ce qui dénote un manque d'investissement dans le capital humain ; la pandémie et la crise économique qu'elle a provoquée ont encore détérioré ces indicateurs. Par ailleurs, les facteurs externes et internes de conflit et de fragilité, ainsi que les effets du climat, se sont aggravés depuis 2015.

PRÉSENTATION DU PAYS ET SITUATION ÉCONOMIQUE

Le Tchad est un grand pays sans littoral d'Afrique centrale exposé à de graves phénomènes météorologiques et climatiques. Il compte trois zones agroécologiques distinctes : le désert du Sahara dans le nord, le Sahel dans le centre et la ceinture soudanaise dans le sud. La zone désertique couvre près de la moitié du territoire, mais accueille moins de 5 % de la population. Parce qu'elle est extrêmement aride, le pastoralisme y est la principale activité de subsistance. La zone sahélienne représente environ un quart de la partie continentale du pays et abrite environ un tiers de sa population. Elle est également aride, mais se prête mieux à l'agriculture, en particulier à la production céréalière. Dans cette zone, le lac Tchad représente toujours une source importante de subsistance et d'eau douce, bien que les conflits aient fortement augmenté dans le bassin, limitant les possibilités sociales et économiques. Le lac a considérablement rétréci depuis les années 1970, et bien qu'il se reconstitue en partie (Magrin, 2016), ses ressources se raréfient de plus en plus, ce qui a des répercussions sur sa capacité à assurer la subsistance. Plus fertile, la ceinture soudanaise dans le sud accueille la majorité de la population tchadienne et la quasi-totalité de la production cotonnière du pays. Dans cette zone où 76 % de la population vit en zone rurale, beaucoup de ménages dépendent largement des activités agricoles et pastorales, en raison de fortes précipitations et de la disponibilité d'eaux souterraines dans les zones agroécologiques.

La population tchadienne augmente rapidement, ce qui exerce une pression sur les ressources du pays. Selon les projections, elle devrait passer de 16 millions d'habitants en 2020 à 22 millions et 34 millions d'ici 2030 et 2050, respectivement (figure 1.1). Si le taux de fécondité a baissé, passant de 7,4 naissances par femme en 2000 à 5,7 naissances en 2018, il reste nettement supérieur à la moyenne de l'Afrique subsaharienne qui est de 4,8 naissances par femme. En conséquence, le Tchad a la troisième population la plus jeune du monde : l'âge médian y est de 16,6 ans, les deux tiers de la population ayant, selon les estimations, moins de 25 ans (figure 1.2). Par ailleurs, la faiblesse des capacités du secteur privé, conjuguée à la marge limitée d'augmentation de la masse salariale, rend difficile l'absorption de la cohorte importante de jeunes demandeurs d'emploi généralement non qualifiés.

Les risques sécuritaires provenant de pays voisins continuent d'avoir des effets déstabilisateurs sur l'économie. Une rébellion a entraîné la mort du président Idriss Déby Itno le 20 avril 2021, ce qui a donné lieu à une transition politique imprévue. C'est ainsi qu'un conseil militaire de transition (CMT) présidé par le général Mahamat Idriss Déby a été constitué par les autorités militaires. Le président du CMT remplit également le rôle de Président de la République du Tchad. Des membres de l'opposition politique, des dirigeants de groupes rebelles

FIGURE 1.1

Évolution de la population, par tranche d'âge, 1980-2050

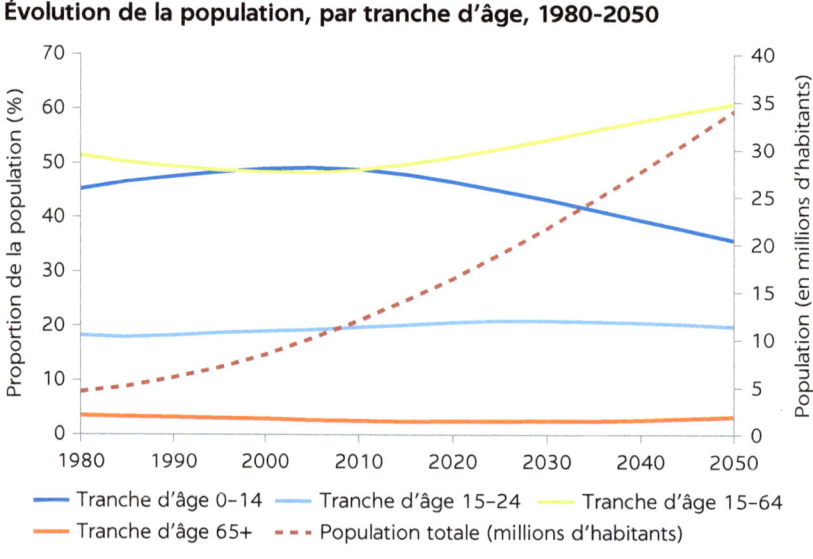

Source : DESA 2019.

FIGURE 1.2
Population, par âge et par sexe, 2019

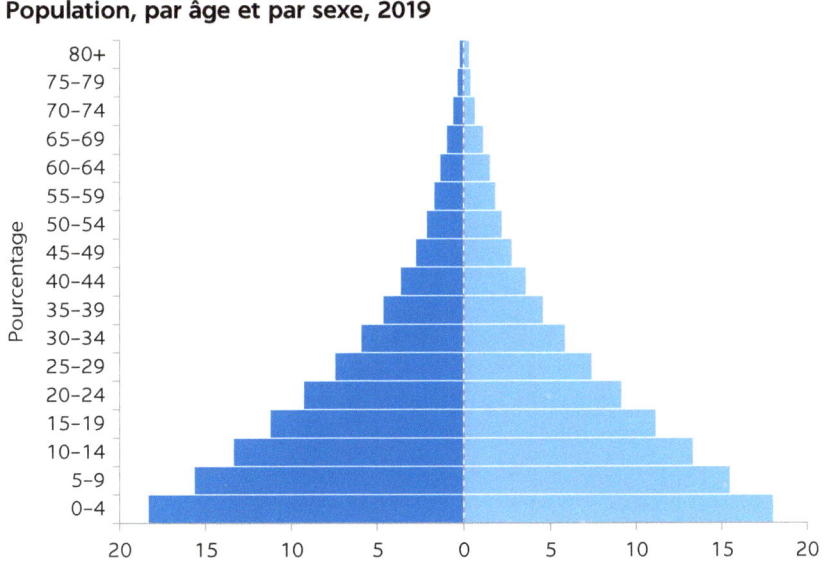

Source : Indicateurs du développement dans le monde, https://data.worldbank.org
/indicator.

et des responsables de la société civile se sont déclarés préoccupés par cette transition, qui n'est pas conforme à l'ordre constitutionnel. Le CMT a défini une période de transition de 18 mois, renouvelable une fois, qui prévoit un dialogue national inclusif, la révision de la Constitution et l'organisation d'élections présidentielles. Selon l'évaluation des risques et de la résilience (*Risk and Resilience Assessment* [RRA]) de 2021 au Tchad, les risques d'instabilité aux frontières du pays sont liés : a) aux répercussions des conflits régionaux et aux déplacements forcés que ceux-ci provoquent, b) à l'influence de la géopolitique, et c) aux activités de groupes criminels transnationaux. L'insécurité persistante dans le nord-est du Nigéria et de nouvelles activités rebelles dans la région du Tibesti et le long de la frontière nord avec la Libye ont contraint le gouvernement à renforcer les mesures de sécurité tout en maintenant sa forte contribution à la Force multinationale mixte et à la Force conjointe transfrontalière du G5 Sahel.

En outre, l'insécurité transfrontalière exacerbe des facteurs de fragilité plus structurels : elle a entraîné une forte augmentation du nombre de conflits depuis 2015, qui ont perturbé les progrès vers la réalisation du double objectif de la Banque mondiale. Selon l'évaluation des risques et de la résilience de 2021 au Tchad, ces facteurs structurels de conflit comprennent : a) une gouvernance hypercentralisée et non inclusive ; b) l'exclusion et les déséquilibres régionaux qui alimentent les griefs ; c) la mainmise des élites, la mauvaise gouvernance et la faible capacité des collectivités locales à participer au secteur pétrolier, ce qui fait le nid des inégalités et de l'exclusion ; d) les dysfonctionnements du secteur de la sécurité et la fragilité de l'état de droit qui empêchent l'exercice effectif de la justice et l'atténuation des conflits ; et e) les tensions intercommunautaires exacerbées par la raréfaction des ressources naturelles et le changement climatique. Le gouvernement a élaboré diverses stratégies pour remédier à certains de ces facteurs de conflit et de fragilité, notamment un plan d'action triennal au titre de l'allocation pour la prévention et la résilience du Groupe de la Banque mondiale.

L'insécurité et la violence ont créé une situation humanitaire aiguë et entraîné un afflux massif de réfugiés au Tchad. Le nombre de réfugiés et de déplacés internes a triplé depuis 2014 (figure 1.3). En décembre 2020, environ 480 000 réfugiés étaient installés dans 19 camps dans les régions de l'Est, du Sud et du lac Tchad (UNHCR, 2020). Dans l'Est, environ 324 000 réfugiés soudanais sont établis le long de la frontière (beaucoup depuis plus d'une décennie), après avoir fui les violences dans le Darfour. Dans le Sud, le Tchad accueille environ 99 000 réfugiés originaires de République centrafricaine, dont la majorité est en exil depuis plus de dix ans. Dans le lac Tchad, quelque 20 000 réfugiés nigérians qui ont fui Boko Haram et les violences intracommunautaires résident désormais près de la frontière ouest du Tchad avec le Nigéria, le Niger et le Cameroun. Les femmes représentent plus de 55,5 % de la population réfugiée et déplacée, dont 33,6 % sont en âge de procréer. La région du lac Tchad accueille en outre plus de 208 000 déplacées internes.

Le changement climatique est un multiplicateur des fragilités et conflits internes au Tchad. Les variations du climat ont des répercussions directes sur l'agriculture et l'élevage, qui représentent 30 % du produit intérieur brut (PIB) du pays et emploient 80 % de sa population active. Les précipitations extrêmes, les sécheresses et les inondations ont un impact négatif sur la production agricole du Tchad et menacent sa sécurité alimentaire[1]. Le pays est particulièrement touché par le réchauffement de la planète, compte tenu de sa position dans la région du Sahel. Depuis 2015, les saisons des pluies sont devenues de plus en plus courtes, ce qui pose de graves problèmes de sécurité alimentaire. En outre, les conflits historiques entre communautés et au sein de celles-ci, en particulier entre éleveurs et agriculteurs, sont exacerbés par la modification des itinéraires de transhumance et la concurrence pour des ressources naturelles limitées.

Le PIB par habitant a augmenté de plus de 100 % entre 2000 et 2015, avant de diminuer sensiblement entre 2015 et 2020. Le PIB par habitant (en dollars constants de 2017) est passé de 483 dollars (939 dollars en parité de pouvoir d'achat [PPA]) en 2000 à 961 dollars (1 866 dollars) en 2014, avant de baisser à 813 dollars (1 579 dollars) en 2019 (figure 1.4). Cette période a été caractérisée par un choc positif majeur initial — le début de la production pétrolière — et par le démarrage du super cycle pétrolier. Elle a permis au Tchad de faire passer son PIB par habitant (en PPA) de 1 007 dollars en 2002 à 1 618 dollars en 2005, et

FIGURE 1.3

Réfugiés et déplacés internes au Tchad, 2014-2020

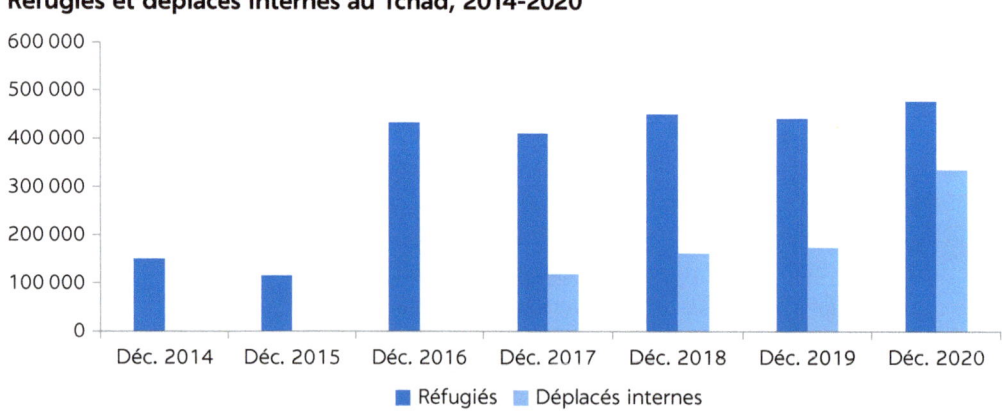

Source : https://reporting.unhcr.org/chad-funding-2022.

FIGURE 1.4

Évolution du PIB par habitant, 2014-2020

Dollars internationaux constants de 2017

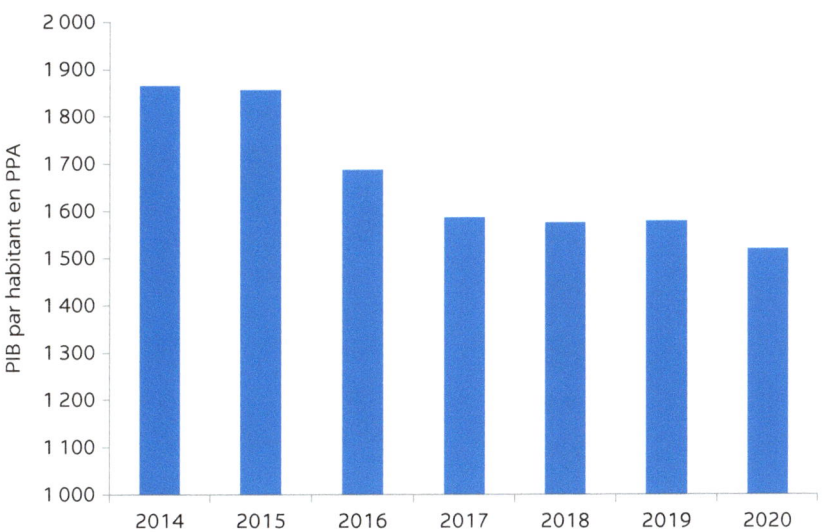

Source : Indicateurs du développement dans le monde, https://data.worldbank.org /indicator.

Note : PIB = produit intérieur brut ; PPA = parité de pouvoir d'achat.

donc de distancer rapidement les autres pays à faible revenu et réduire l'important écart de revenu avec le reste de l'Afrique subsaharienne (figure 1.5). En 2019, le PIB par habitant (en PPA) est descendu à 1 579 dollars à cause de la chute des cours pétroliers et du regain de l'insécurité. La dépendance persistante du Tchad à l'égard du pétrole fait en sorte que l'économie est peu diversifiée, peu compétitive et plus vulnérable aux chocs exogènes.

La situation macroéconomique suit la dynamique des prix du pétrole. Le choc pétrolier de 2014-2015 a entraîné une récession entre 2016 et 2017. Amorcée en 2018, la reprise économique s'est poursuivie en 2019, grâce à l'augmentation de la production pétrolière et au redressement significatif du secteur non pétrolier. Toutefois, la pandémie de COVID-19 et la baisse des prix du pétrole qu'elle a provoquée ont entraîné une contraction de l'économie de 0,9 % en 2020 (figure 1.6). La récession a été moins prononcée au Tchad que dans les autres pays exportateurs de pétrole du Golfe de Guinée, grâce aux investissements réalisés précédemment dans le secteur pétrolier, qui ont conduit à la mise en exploitation de nouveaux gisements, à l'impact relativement faible de la pandémie sur la santé et à la part importante du secteur primaire (qui a été moins touché par la pandémie) dans l'économie tchadienne.

Le confinement a aggravé la récession économique. La pandémie de COVID-19, ainsi que les mesures de confinement prises partout dans le monde en réponse à celle-ci, ont provoqué des chocs à la fois régionaux et mondiaux sur l'offre et la demande, qui ont porté atteinte à l'économie tchadienne. Après avoir assoupli les mesures de confinement entre août et octobre 2020, les autorités ont réintroduit quelques-unes au cours des deux derniers mois de 2020 et en janvier 2021. L'économie est restée en récession au premier semestre 2021, en raison du maintien des mesures de confinement, des problèmes de liquidité de l'administration centrale (dus à la baisse des recettes pétrolières et à la diminution des

FIGURE 1.5
PIB par habitant en PPA, 2000-2020
Dollars internationaux constants de 2017

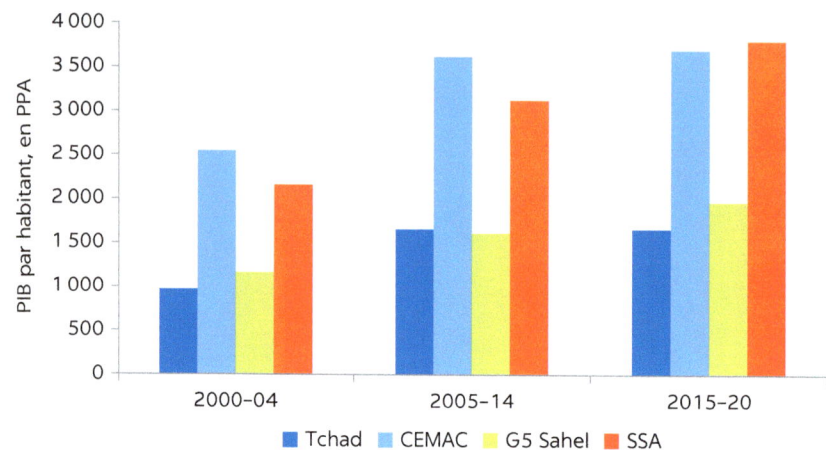

Source : Indicateurs du développement dans le monde, https://data.worldbank.org
/indicator.
Note : CEMAC = Communauté économique et monétaire de l'Afrique centrale;
G5 Sahel = Burkina Faso, Mali, Mauritanie, Niger et Tchad; PPA = parité de pouvoir
d'achat; SSA = Afrique subsaharienne.

FIGURE 1.6
Croissance du PIB, 2010-2020

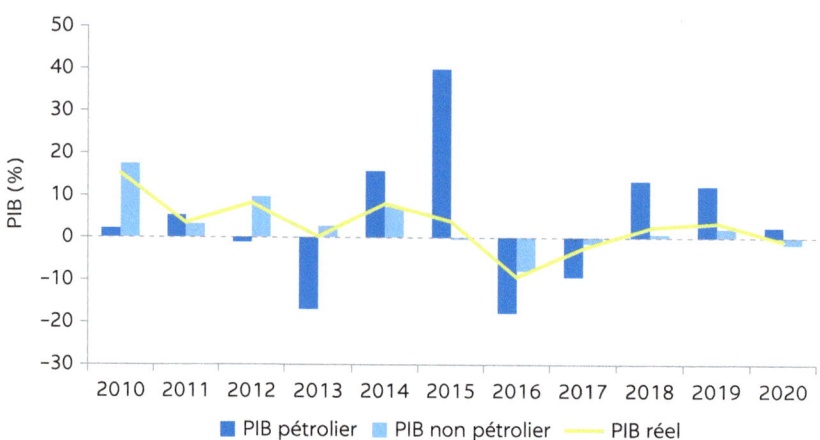

Sources : Autorités tchadiennes et estimations des services de la Banque mondiale.

dons) et des perturbations économiques provoquées par la reprise du conflit armé (qui a entraîné la mort du président Idriss Déby Itno le 20 avril 2021).

Le Tchad accuse toujours un grand retard en matière de développement humain. Il se classait au 187ᵉ rang sur 189 pays dans le *Rapport sur le développement humain* 2020 du Programme des Nations Unies pour le développement, avec un score de 0,401, qui ne dépasse que ceux de la République centrafricaine et du Niger. L'espérance de vie au Tchad est estimée à 54 ans, soit moins que dans les pays comparables et la moyenne de l'Afrique subsaharienne (61 ans en 2017). Le nombre moyen d'années d'études pour la population âgée de 25 ans et plus n'est que de 2,4 ans — il dépasse seulement celui du Burkina Faso — tandis que les années de scolarité escomptées, par rapport aux taux de scolarisation actuels, sont plus faibles au Tchad que dans tous les pays de référence. La pauvreté, les déplacements de population et les épisodes fréquents d'insécurité font qu'il est difficile pour les familles d'investir dans leur capital humain.

Le pays a toutefois accompli quelques progrès dans le domaine de l'éducation ces dernières années. Le taux net de scolarisation dans le primaire a augmenté grâce à des programmes publics visant à renforcer le système éducatif et à développer les capacités nationales. Par exemple, le Plan d'action national de l'éducation pour tous a été conçu pour améliorer la qualité des ressources humaines dans le système éducatif et intégrer le réseau d'écoles des camps de réfugiés dans le système scolaire national, entre autres objectifs. Le gouvernement a également amélioré l'accès à l'apprentissage en proposant des contrats aux enseignants communautaires, qui représentent environ 54 % des enseignants au Tchad. Ces efforts ont permis de faire passer le taux net de scolarisation au primaire de 44 % en 2011 à 73,2 % en 2016, surclassant ainsi certains pays voisins comme le Mali (61,3 %) et le Niger (65,1 %)[2].

ÉVOLUTION DE LA PAUVRETÉ

La pauvreté a reculé au cours des dix dernières années

La pauvreté a reculé au cours des dix dernières années, mais on estime qu'elle a augmenté en 2020. Bien que le Tchad ait enregistré une baisse progressive de la pauvreté monétaire depuis 2003, ses progrès dans ce domaine ont ralenti ces dernières années. Les données de l'enquête sur la consommation et le secteur informel au Tchad (ECOSIT) montrent que la proportion de la population vivant en dessous du seuil national de pauvreté a diminué, passant de 54,8 % en 2003 à 42,0 % en 2018 (figure 1.7). Ce n'est pas seulement la proportion de pauvres qui a diminué, mais aussi l'ampleur et la gravité de la pauvreté ; ceux qui restent pauvres se sont rapprochés du seuil de pauvreté, et les inégalités entre les pauvres ont diminué. La réduction de la pauvreté a été plus importante dans les zones

Évolution des indicateurs nationaux de la pauvreté, 2003, 2011 et 2018

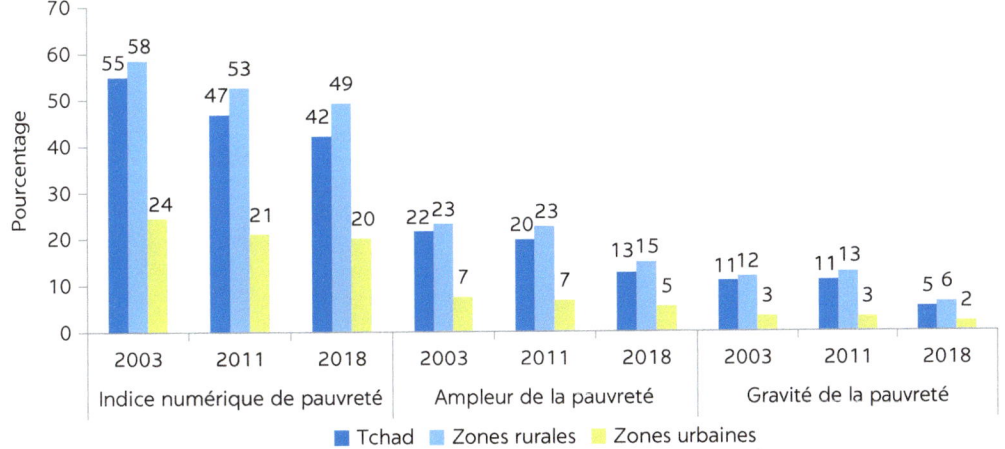

Sources : INSEED-Tchad, 2011 et 2018 (ECOSIT 3 et ECOSIT 4), et Banque mondiale / World Bank 2020.

rurales que dans les zones urbaines, mais la pauvreté a reculé plus rapidement dans les deux zones entre 2003 et 2011 que par la suite.

Le recul de la pauvreté entre 2011 et 2018 a été favorisé par l'accroissement du patrimoine et des rendements des ménages pauvres. L'amélioration des perspectives d'emploi s'est traduite par l'augmentation du travail indépendant en dehors du secteur agricole et par l'expansion du nombre de propriétaires de téléphones portables. Grâce en plus à l'intensification de l'utilisation productive des téléphones portables, les revenus et la consommation des ménages ont augmenté, et la pauvreté a reculé. Dans une moindre mesure, les ménages aisés et ceux de la classe moyenne ont également tiré avantage de la possession d'un véhicule automobile.

La baisse de la pauvreté a été moins rapide que la croissance démographique, avec pour conséquence une augmentation du nombre absolu de Tchadiens pauvres. Entre 2011 et 2018, la population a augmenté de plus de 25 %, tandis que la pauvreté n'a régressé que de 10 %, ce qui a fait passer le nombre de pauvres en valeur absolue de 4,7 millions à 6,5 millions (figure 1.8). L'augmentation a été plus rapide dans les zones urbaines, en particulier à N'Djaména, où la population a presque doublé et où l'incidence de la pauvreté a légèrement progressé. En valeur absolue toutefois, le nombre de pauvres a considérablement augmenté dans les zones rurales. En 2018, plus de 88 % des pauvres (5,8 millions de personnes) vivaient en milieu rural, 0,7 million en zone urbaine, et 2,4 millions n'étaient pas en mesure de satisfaire leurs besoins nutritionnels de base (World Bank, 2021).

La pauvreté multidimensionnelle[3] a régressé, en même temps que la pauvreté monétaire (figure 1.9 et figure 1.10), mais reste répandue. Malgré une baisse de 16 % depuis 2003, elle reste élevée, alimentée par l'accès limité à l'éducation, à l'électricité et à un logement de meilleure qualité. Toutes les régions ont connu

FIGURE 1.8

Incidence de la pauvreté et nombre de pauvres, par zone, 2011 et 2018

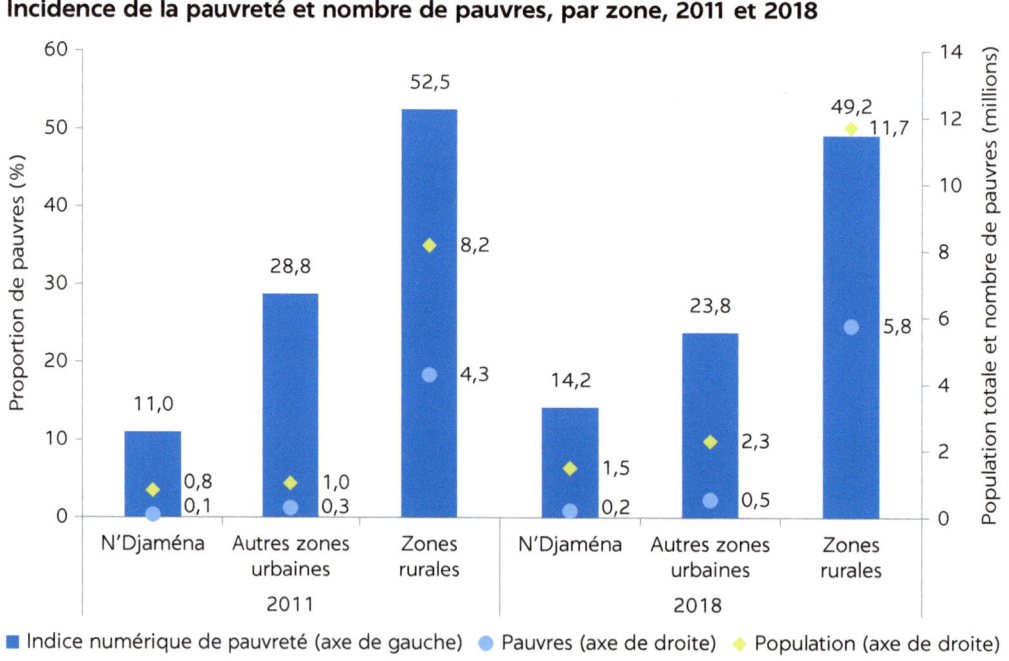

Sources : INSEED-Tchad, 2011 et 2018 (ECOSIT 3 et ECOSIT 4), et World Bank, 2020.

FIGURE 1.9
Évolution des taux de pauvreté, par zone agroécologique, 2011 et 2018

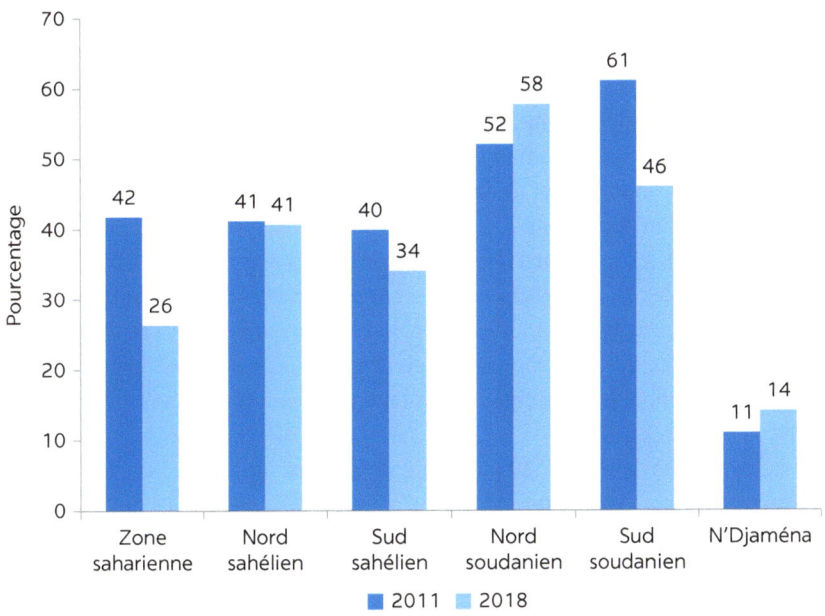

Sources : INSEED-Tchad, 2011 et 2018 (ECOSIT 3 et ECOSIT 4).

FIGURE 1.10
Évolution des taux de pauvreté, par région, 2011 et 2018

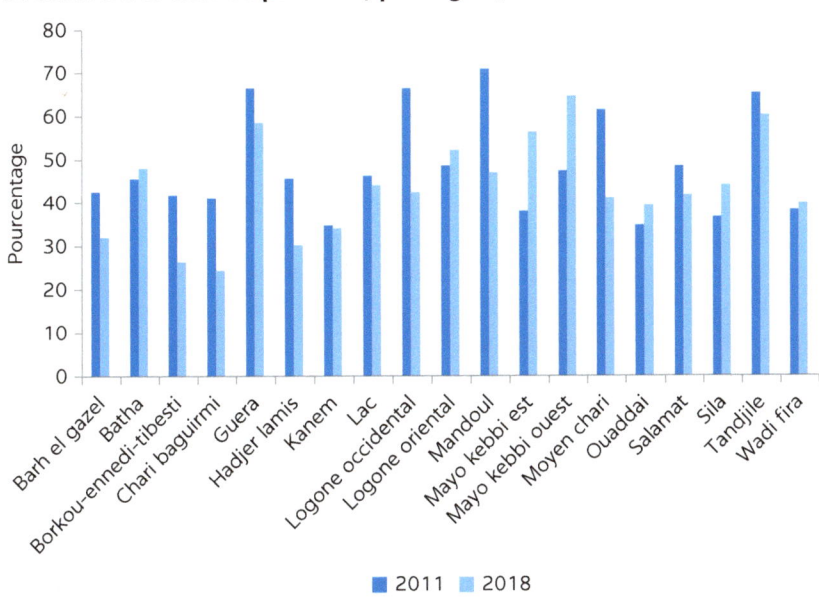

Sources : INSEED-Tchad, 2011 et 2018 (ECOSIT 3 et ECOSIT 4).

une baisse de la pauvreté multidimensionnelle entre 2003 et 2018, quoiqu'à des taux variables. La plus forte baisse a été enregistrée à N'Djaména, où le taux de pauvreté multidimensionnelle a reculé de 23 points de pourcentage entre 2003 et 2018, alors qu'il n'a diminué que de 3 points de pourcentage dans les régions de Guera et Salamat au cours de la même période.

La baisse de la pauvreté multidimensionnelle s'est traduite par une amélioration substantielle des conditions de logement, de la possession d'actifs, de la nutrition, de l'éducation et de l'accès aux services de base parmi les ménages les plus pauvres du pays. Grâce à l'augmentation du nombre de propriétaires de téléphones portables au cours des 15 dernières années et à l'amélioration de la qualité matérielle des logements, les niveaux de vie ont progressé. Si les indicateurs de scolarisation et de nutrition restent faibles pour la population pauvre, les politiques de nutrition et d'éducation favorables aux pauvres mises en œuvre au fil des ans ont également contribué à l'amélioration de ces indicateurs dans une certaine mesure. En outre, l'amélioration de l'accès aux services, notamment de l'accès à l'électricité à N'Djaména, a participé à la réduction de la pauvreté urbaine. L'accès à de l'eau de source améliorée est passé de 35 % en 2011 à 55 % en 2018, de sorte que les femmes pouvaient consacrer moins de temps aux activités domestiques et participer davantage à des activités économiques non agricoles.

La pandémie de COVID-19 menace d'inverser les progrès accomplis dans la réduction de la pauvreté au cours des dix dernières années. Les perturbations des chaînes d'approvisionnement et des activités commerciales dues à la pandémie se sont ressenties sur les niveaux d'emploi et de revenu, et les politiques budgétaires et les systèmes de protection sociale du gouvernement n'ont pas été en mesure de compenser pleinement leurs effets. Selon les estimations, du fait de l'impact de la crise de COVID-19 sur l'emploi, les envois de fonds et l'inflation, le taux de pauvreté national a augmenté de 5,5 points de pourcentage en 2020, ce qui équivaut à 849 574 personnes supplémentaires tombant sous le seuil de pauvreté.

Les disparités géographiques en matière de pauvreté sont considérables

La répartition spatiale de la pauvreté montre une nette divergence entre les régions (carte 1.1). Les taux de pauvreté monétaire varient considérablement d'une région à l'autre et sont particulièrement élevés en milieu rural et dans les zones touchées par un conflit. Environ 88 % des ménages pauvres vivent en zone rurale, où la grande majorité (89 %) pratique l'agriculture. Les ménages agricoles sont particulièrement vulnérables parce qu'ils sont plus susceptibles que les ménages urbains de s'engager dans des activités agricoles à faible rendement et de souffrir des chocs climatiques et des fluctuations de prix. C'est ainsi que la chute du cours mondial du coton a entraîné une hausse des taux de pauvreté dans les zones cotonnières du pays, y compris dans le Logone-Oriental et le Sila. Mayo Kebbi, Tandjile et Guera, où plus de 90 % de la population travaille dans l'agriculture, affichaient des taux de pauvreté supérieurs à 60 % en 2018. Les régions qui sont particulièrement touchées par le changement climatique et qui ont connu des saisons sèches prolongées et des précipitations plus faibles (notamment Kanem, Barh El Ghazal et Wadi Fira) ont enregistré une baisse des rendements agricoles allant jusqu'à 20 % et continuent de souffrir d'une forte prévalence de la pauvreté. Celles qui partagent une frontière avec la République centrafricaine, le Soudan et le Nigéria ont également des taux de pauvreté élevés et accueillent des milliers de réfugiés qui fuient la violence et les conflits. Les taux de pauvreté multidimensionnelle les plus élevés ont été enregistrés dans la région sahélienne du pays, où sept personnes sur dix dans les provinces de Batha, Sila et Lac connaissent une pauvreté multidimensionnelle (carte 1.2). Bien que

CARTE 1.1

Répartition géographique de l'indice numérique de pauvreté monétaire, 2018

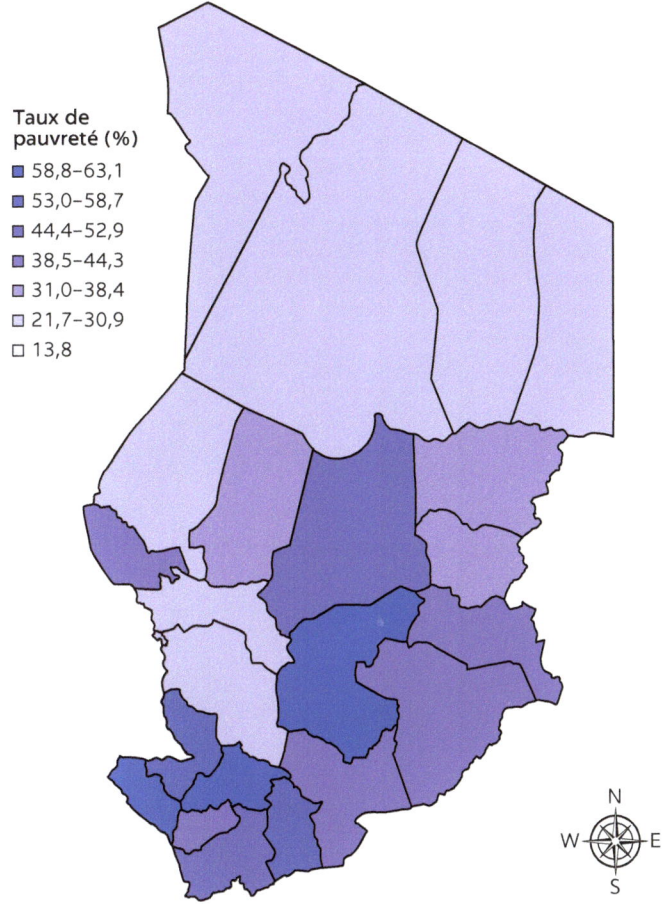

Taux de pauvreté (%)
- 58,8–63,1
- 53,0–58,7
- 44,4–52,9
- 38,5–44,3
- 31,0–38,4
- 21,7–30,9
- 13,8

Sources : INSEED-Tchad, 2018 (ECOSIT 4), et World Bank, 2020.

l'indice numérique de pauvreté ne soit pas le plus élevé dans ces régions, leurs taux de pauvreté étaient supérieurs à la médiane.

La variation régionale de la pauvreté est amplifiée par les disparités géographiques en matière d'accès aux marchés et de connectivité. La pauvreté est concentrée dans les zones rurales et reculées, où l'accès aux services publics et la connectivité avec le reste du pays sont assez limités. Une analyse de l'accès au marché révèle qu'une grande partie de la population vit à plus d'une heure de route du marché le plus proche. La distance géographique est exacerbée par l'absence de véhicules privés en possession propre et par le nombre limité de moyens de transport en commun. On constate en outre que les régions où l'accès aux marchés est insuffisant et celles où les taux de pauvreté multidimensionnelle sont élevés coïncident largement. En outre, la prestation des services publics est entravée par de graves problèmes d'infrastructure : de nombreuses routes ne sont pas bien entretenues, tandis que d'autres sont en proie à l'insécurité. L'amélioration de la capacité des collectivités locales à fournir des biens et des services dans les zones rurales, qui contribuera de manière significative à réduire la pauvreté, nécessitera des aménagements complémentaires dans les domaines de l'infrastructure, du transport, de la connectivité et de la sécurité.

CARTE 1.2

Répartition géographique de l'indice de pauvreté multidimensionnelle (IPM), 2018

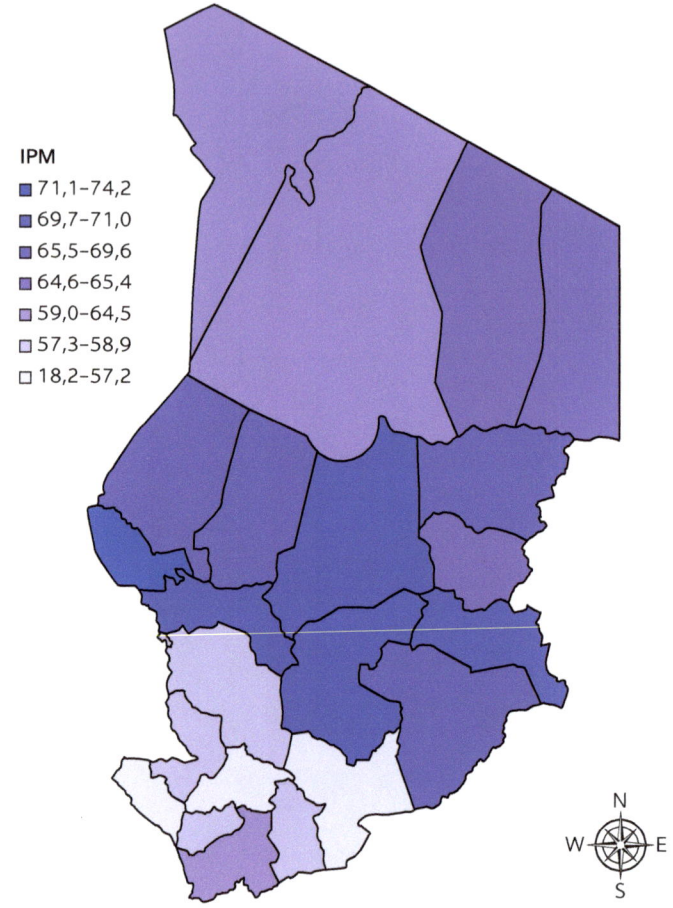

IPM
- 71,1–74,2
- 69,7–71,0
- 65,5–69,6
- 64,6–65,4
- 59,0–64,5
- 57,3–58,9
- 18,2–57,2

Sources : INSEED-Tchad, 2018 (ECOSIT 4), et World Bank, 2020.

Les grandes disparités géographiques en matière de pauvreté constituent un déterminant important des migrations intérieures, agissant à la fois comme une incitation à la migration et comme un obstacle à la mobilité. En 2018, 42 % de la population en âge de travailler avaient émigré à un moment donné de leur vie. Le niveau de bien-être influe sur les décisions migratoires : on constate en effet que plus de non-pauvres que de pauvres en âge de travailler migrent à l'intérieur du pays. Les taux de pauvreté plus faibles parmi les migrants peuvent être indicatifs des avantages économiques de la migration, mais ils sont également influencés par un biais de sélection : la pauvreté elle-même peut empêcher certains individus de migrer.

Le phénomène migratoire au Tchad n'accélère pas l'urbanisation. Le taux d'urbanisation du pays est très faible par rapport à la moyenne de l'Afrique subsaharienne et reste globalement inchangé depuis 25 ans. En effet, les pauvres migrent de manière disproportionnée des zones rurales vers d'autres communautés rurales : 74 % des migrants pauvres se trouvaient auparavant dans des zones rurales, et 87 % d'entre eux se sont retrouvés dans une autre localité rurale. Seulement 4 % des migrants pauvres originaires de communautés rurales s'installent à N'Djaména, 9 % se déplaçant vers d'autres centres urbains. Par contre, les migrants non pauvres sont plus mobiles : ceux issus de communautés rurales migrent encore de manière disproportionnée vers d'autres zones rurales, mais à un rythme inférieur à celui des pauvres. Une plus grande proportion de migrants non pauvres s'installera à N'Djaména : 16 % de ceux qui proviennent des campagnes et 27 % de ceux qui arrivent d'autres centres urbains. Les variations de schémas migratoires entre les ménages pauvres et les ménages non pauvres sont probablement influencées par les obstacles uniques à la migration auxquels sont confrontés les pauvres. S'il est vrai que les pauvres peuvent avoir plus de mal à migrer à cause de difficultés financières, ils bénéficieraient davantage d'une telle migration, en particulier s'ils quittent les zones rurales pour les zones urbaines. Au Tchad, les pauvres migrent pour suivre leurs parents (24 %), pour rejoindre leur famille (21 %), pour se marier (33 %), pour chercher de meilleures opportunités (7 %) ou pour accéder à la terre (2 %). Pourtant, la migration à partir de zones rurales est probablement entravée par la médiocrité des réseaux de transport, l'accès limité aux véhicules à moteur ou aux services de transport public, et les coûts de transport élevés en raison du parc automobile vieillissant ou endommagé par le réseau routier détérioré.

PAUVRETÉ NON MONÉTAIRE

Accès à l'éducation

Le Tchad a accompli des progrès dans l'accroissement de l'accès à l'enseignement primaire, mais les disparités entre les sexes persistent. Le taux net de scolarisation dans le primaire est passé de 62 % en 2011 à 73 % en 2016, le taux des filles ayant légèrement plus augmenté (47 à 64 %) que celui des garçons (68 à 82 %). Cependant, malgré les acquis en matière d'accès des filles à l'éducation, les taux de scolarisation dans le primaire sont encore loin d'être équitables, l'écart entre les sexes étant le plus élevé de tous les pays comparables (figure 1.11).

FIGURE 1.11

Taux brut de scolarisation dans le primaire, 2003, 2015 et 2018

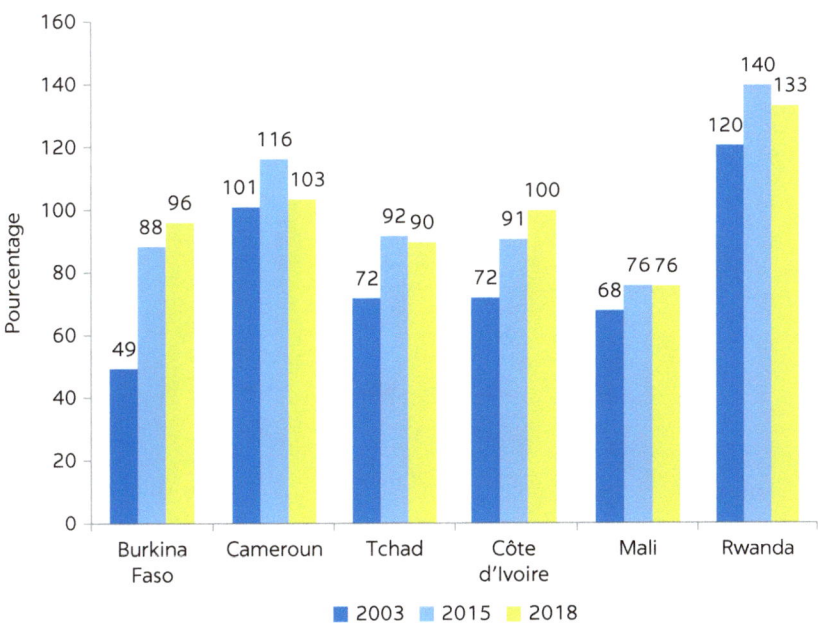

Source : Indicateurs du développement dans le monde, https://data.worldbank.org/indicator.

La performance du pays en ce qui concerne l'indice de parité des sexes (IPS) dans le primaire (0,77) et le secondaire (0,46) est la plus faible parmi les pays comparables.

Les taux d'achèvement des études primaires restent faibles au Tchad, du fait de défaillances internes exacerbées par la COVID-19. Les taux de maintien jusqu'à la dernière année du primaire sont les plus faibles des pays comparables : on estime que moins du tiers des élèves qui s'inscrivent en première année du primaire atteindra la dernière année de ce cycle. Le taux de redoublement est de 17 % pour les filles et les garçons, tandis que le taux d'abandon est de 33 % pour les filles et de 29 % pour les garçons[4]. En outre, le nombre d'enfants qui abandonnent leurs études dans le primaire est presque deux fois plus élevé que dans le secondaire (725 795 dans le primaire contre 383 093 dans le secondaire). À cela s'ajoutent 48 % des enfants en âge d'aller à l'école primaire (47 % de garçons et 51 % de filles) qui n'ont jamais été scolarisés, ce qui donne un taux d'enfants en déperdition scolaire de 52 %. Le pays a réalisé des progrès dans l'amélioration de la qualité de l'éducation depuis 2015, le taux d'achèvement du cycle primaire étant passé de 29,7 % en 2015 à 33,7 % en 2018. Cependant, le taux d'achèvement du cycle primaire au Tchad reste relativement faible par rapport à certains pays comparables comme le Burkina Faso, où il est presque deux fois plus élevé. La fermeture des écoles pendant la flambée de COVID-19 a accru le risque d'abandon scolaire, ce qui freine l'accumulation de capital humain et accroît le risque de mariage d'enfants.

Les taux de scolarisation dans le secondaire et le supérieur ont augmenté ces dernières années, mais restent bas, en particulier chez les filles. Le Tchad a amélioré l'accès à l'enseignement secondaire, le taux brut de scolarisation dans le secondaire étant passé de 14,8 % en 2003 à près de 20,2 % en 2018 : il a légèrement augmenté chez les garçons (22 à 26 %) et plus que doublé chez les filles (7 à 14 %). De manière générale cependant, il est toujours nettement inférieur à celui des pays comparables (figure 1.12). Dans le supérieur, le taux brut de

FIGURE 1.12

Taux net de scolarisation dans le secondaire, 2018

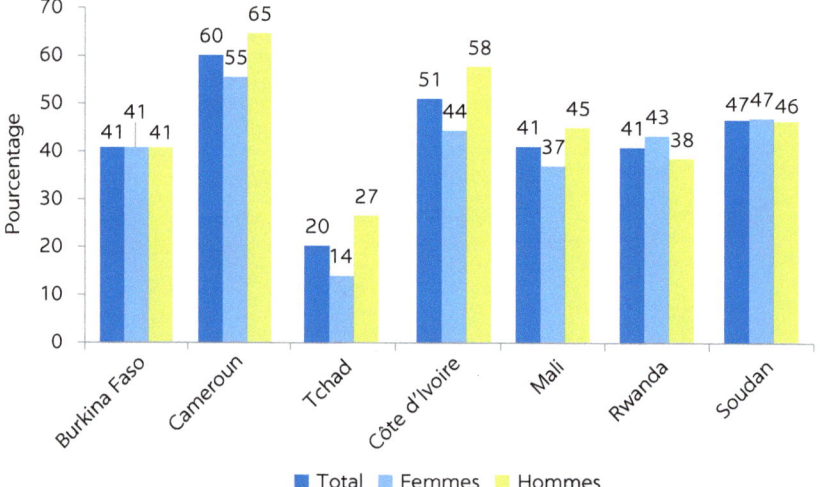

Source : Indicateurs du développement dans le monde, https://data.worldbank.org/indicator.

Note : Les chiffres les plus récents concernant le Cameroun datent de 2016 et de 2017 pour le Soudan.

scolarisation reste très faible (3 %), un niveau imputable principalement à la participation des garçons (5 %, contre 1,5 % pour les filles) (figure 1.13).

Les frais d'inscription et de scolarité ainsi que le coût des fournitures scolaires, des uniformes, de la nourriture et du transport font partie des coûts directs de l'éducation soutenus par les élèves et leurs familles. Parmi les enfants en âge d'être scolarisés dans le primaire et le secondaire, le manque de moyens pour financer l'éducation est la raison la plus citée pour expliquer l'absence des enfants à l'école, suivie de l'abandon des études à cause de mauvaises notes (figure 1.14). Parmi les enfants âgés de 6 à 17 ans, 26 % citent le coût de la scolarisation ou le manque d'argent pour payer l'école comme la raison pour laquelle ils ne sont pas scolarisés. Bien que le manque de moyens pour financer les études soit la raison la plus souvent citée dans toutes les régions, il est particulièrement courant à N'Djaména, où plus de la moitié des enfants en âge de fréquenter l'école primaire ou secondaire le considèrent comme la principale cause de leur non-scolarisation. Les abandons pour cause d'échec sont la deuxième raison la plus citée pour expliquer l'absence à l'école, tant au niveau national (21 %) que d'une région à l'autre, bien qu'une proportion légèrement plus élevée d'enfants vivant en zones urbaines hors de N'Djaména les classent au premier rang (27 %) (figure 1.15).

Les élèves tchadiens qui achèvent le cycle primaire ont de faibles résultats scolaires, à la fois en valeur absolue et relative. En utilisant la mesure de la pauvreté des apprentissages[5], on constate que près de 94 % des enfants tchadiens ne savent pas lire. Ce pourcentage est plus élevé qu'en Afrique subsaharienne (de 11 points) et par rapport à d'autres pays à faible revenu (de 8 points). À la fin du primaire, les élèves tchadiens sont peu instruits par rapport à la moyenne de tous les pairs dans les évaluations internationales en lecture (22 % des élèves ont un niveau satisfaisant, contre 48 %) et en mathématiques (12 % contre 38 %)[6]. Il n'y a pas de différence significative entre les sexes. La situation globale n'a pas évolué sensiblement entre 2014 et 2019. Les acquis scolaires sont nettement plus élevés dans les écoles urbaines que dans les écoles rurales et chez les enfants de la classe socioéconomique la plus élevée.

FIGURE 1.13

Taux brut de scolarisation dans le supérieur

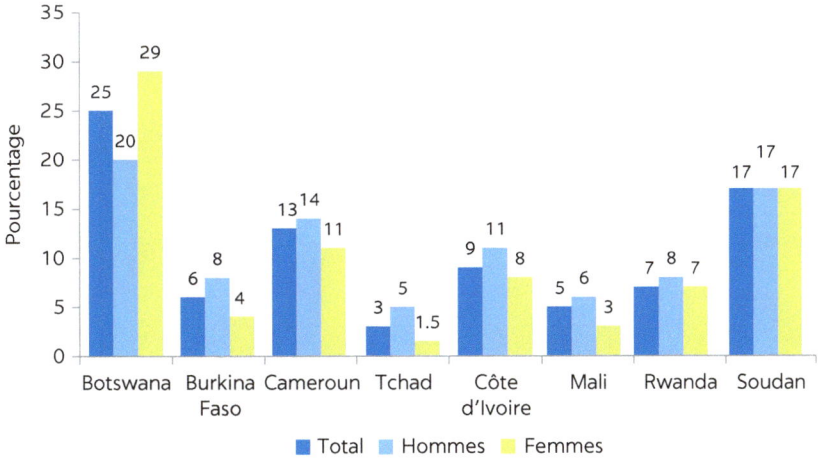

Source : Indicateurs du développement dans le monde, https://data.worldbank.org /indicator.
Note : Les chiffres les plus récents concernant le Tchad et le Soudan datent de 2015.

FIGURE 1.14
Raisons de ne pas aller à l'école, enfants de 6 à 17 ans, 2018

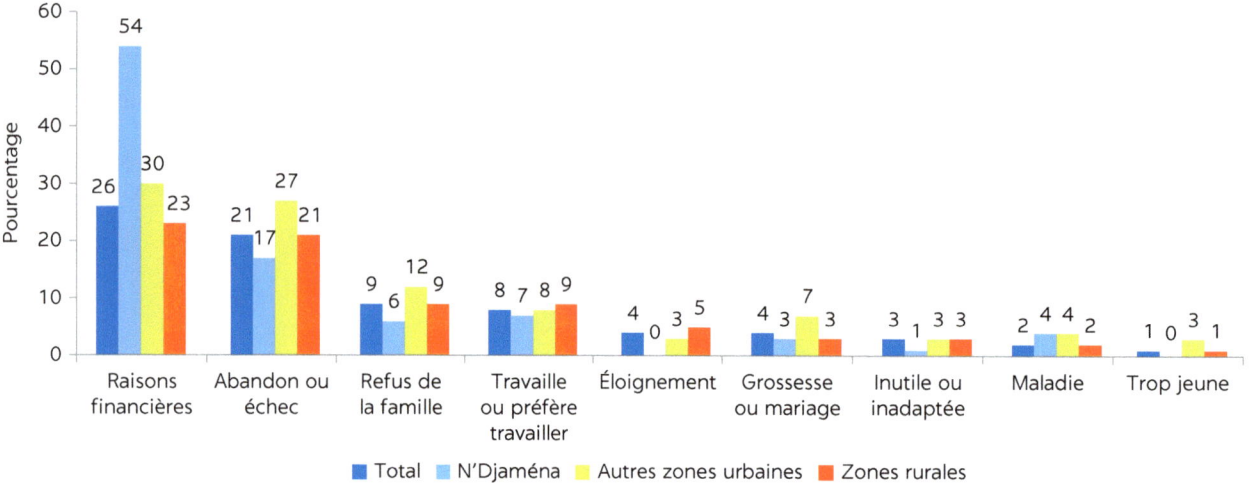

Source : INSEED-Tchad, 2018 (ECOSIT 4).

FIGURE 1.15
Raisons de ne pas aller à l'école, filles de 14 à 19 ans, 2018

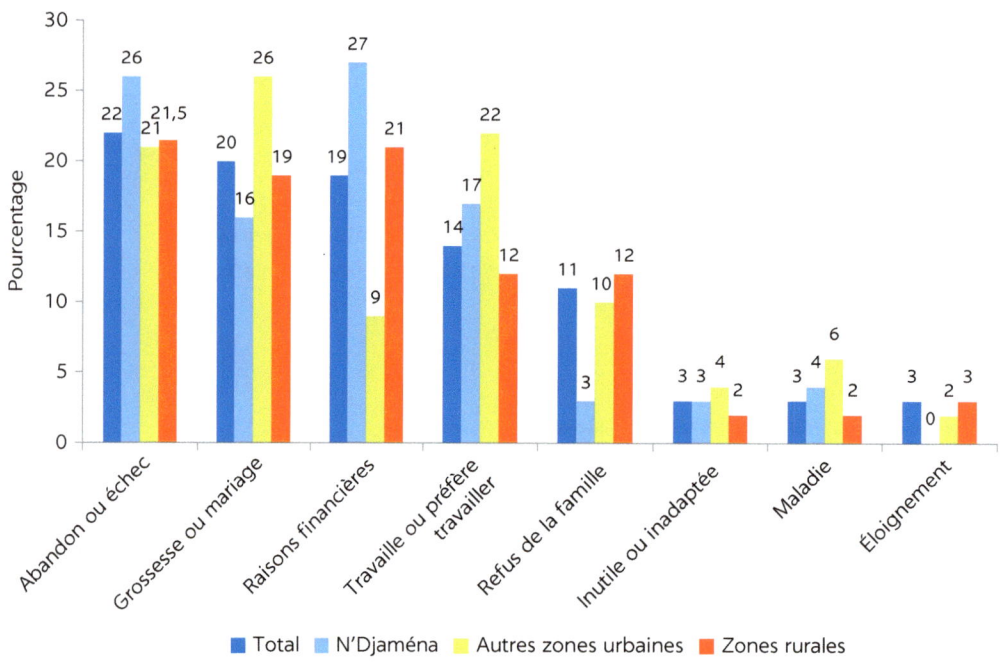

Source : INSEED-Tchad, 2018 (ECOSIT 4).

Les disparités entre les sexes en matière d'accès à l'éducation sont sous-tendues par des normes sociales qui semblent favoriser l'investissement dans l'éducation des garçons et mettre l'accent sur le rôle de reproduction des jeunes femmes plutôt que sur leur contribution au revenu à l'approche de l'adolescence. La proportion d'enfants en âge de fréquenter le primaire ou le secondaire qui citent le refus de la famille comme principale raison de leur non-scolarisation est plus de deux fois plus élevée chez les filles (11,9 %) que chez les garçons (5,6 %), bien qu'on observe de grandes variations d'une région à l'autre. Le refus des familles constitue un problème plus important dans les centres urbains hors de N'Djaména — où plus de 17 % des filles de 6 à 17 ans l'évoquent pour expliquer qu'elles ne soient pas scolarisées, ce qui est beaucoup plus élevé que pour les garçons (3 %) — et en milieu rural — 11 % des filles contre 6 % des garçons. Bien que la proportion de filles qui invoquent cette raison soit relativement plus faible à N'Djaména (10 % contre 1 % des garçons), elle reste problématique.

Accès aux soins de santé

Malgré l'amélioration des principaux résultats en matière de santé ces dernières années, les tendances indiquent que les progrès restent lents vers la réalisation des Objectifs de développement durable (ODD). Le taux de mortalité maternelle a baissé de 1 450 pour 100 000 naissances vivantes en 1990 à 1 140 en 2017, ce qui est encore loin de la cible des ODD qui est de 70 à l'horizon 2030. En outre, le taux de mortalité des enfants de moins de cinq ans a baissé de 213 pour 1 000 naissances vivantes en 1990 à 131 en 2015 et à 71 en 2018 — par rapport à la cible des ODD qui est de 25 d'ici 2030. En 2018, le Tchad affichait le troisième taux de mortalité des enfants de moins de cinq ans le plus élevé au monde. De plus, le taux de mortalité reste élevé au Tchad, par rapport à la moyenne des pays à faible revenu, de l'Afrique subsaharienne et de la CEMAC. Les résultats du pays en matière de santé s'expliquent en grande partie par la conjugaison d'un secteur de la santé dont les performances laissent à désirer et de problèmes de développement de grande envergure, tels que l'évolution de la démographie et les déterminants sociaux de la santé.

Les taux élevés de mortalité maternelle et de fécondité soulignent la nécessité d'assurer un meilleur accès aux services de santé et une meilleure qualité des soins, en particulier dans le domaine de la santé de la reproduction. Avec 5,7 naissances par femme en 2018, ce qui représente une légère baisse par rapport aux 6,5 naissances par femme de 2011, le Tchad affiche l'un des taux de fécondité les plus élevés parmi les pays comparables, qui occupe le deuxième rang après le Mali (5,9 naissances par femme), et est supérieur à la moyenne de l'Afrique subsaharienne – 4,8 naissances par femme (figure 1.16.a)[7]. Ce taux élevé exerce une pression supplémentaire sur le système de santé du pays. Les taux de fécondité élevés sont étroitement liés à des taux élevés de mortalité maternelle et infantile. Cela s'explique principalement par la faible couverture des services de santé reproductive et maternelle, qui pourraient contribuer à un espacement plus long des naissances et aider à déterminer les grossesses à haut risque. Malgré les progrès accomplis au cours des dix dernières années, le taux d'accouchements assistés par du personnel de santé qualifié est beaucoup plus faible au Tchad que dans les pays de référence (figure 1.16.b). Les données de l'enquête démographique et sanitaire révèlent que les soins postnatals pour les mères et les nourrissons sont aussi particulièrement limités au Tchad, 78 % des mères et la plupart des nouveau-nés (94 %) ne recevant pas de soins postnatals dans les 41 jours suivant la naissance (INSEED-Tchad, MSP et ICF, 2016). Ces défaillances critiques dans la prestation de services se traduisent par des taux de mortalité maternelle beaucoup plus élevés que ceux des pays comparables (figure 1.16.c).

Certes, on observe de légères améliorations, mais le Tchad affiche des résultats moins bons sur les indicateurs de santé infantile que les autres pays comparables. Les taux de retard de croissance chez les enfants sont passés de 39 à 40 %

FIGURE 1.16

Santé maternelle et taux de fécondité

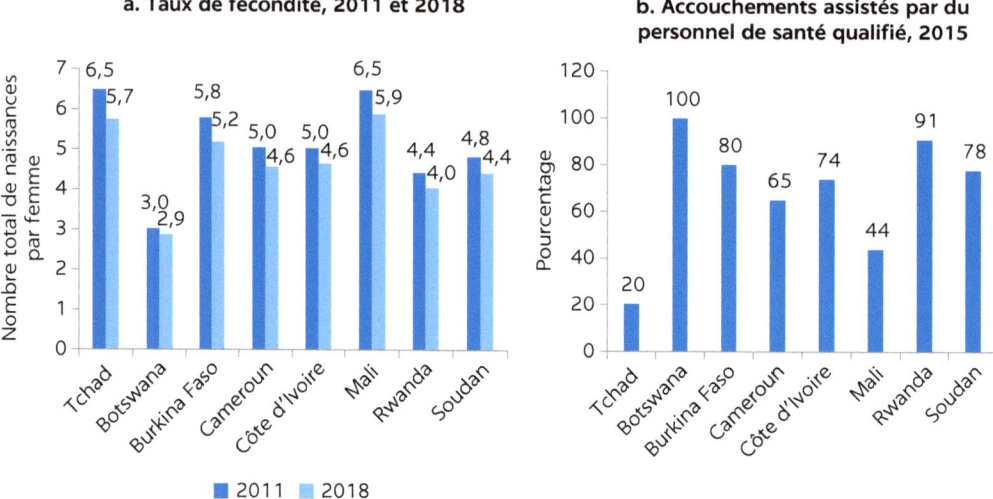

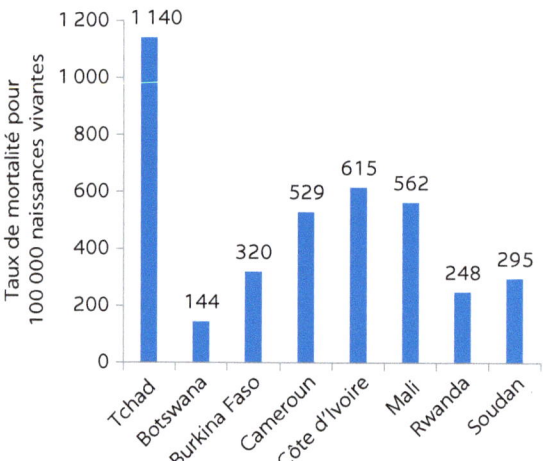

Sources : UNDP, 2019, et Indicateurs du développement dans le monde, https://data.worldbank.org/indicator.

entre 2010 et 2015. De plus, le Tchad affiche toujours le taux d'émaciation le plus élevé parmi tous les pays comparables, et ses résultats sont seulement meilleurs que ceux du Soudan en ce qui concerne les indicateurs d'insuffisance pondérale et de retard de croissance. De même, les taux de vaccination sont généralement faibles au Tchad, où ils varient considérablement d'une région à l'autre et en fonction du niveau d'instruction de la mère. Les données de l'enquête démographique et sanitaire (INSEED-Tchad, MSP et ICF, 2016) révèlent qu'un quart seulement des enfants de 12 à 23 mois ont reçu tous les vaccins prescrits, tandis que 19 % n'ont reçu aucun vaccin. Ces écarts se traduisent par le taux de mortalité des enfants de moins de cinq ans le plus élevé parmi les pays comparables — il était estimé à 119 décès pour 1 000 naissances vivantes en 2018.

La faible performance du pays en matière de santé peut être attribuée à la faible couverture des services de santé essentiels. Cette dernière situation s'explique par le manque de préparation des établissements de santé à fournir des soins de qualité, ainsi que par les défaillances des plateformes communautaires à l'appui des activités de promotion de la santé et de prévention des maladies. Le manque de moyens pour payer les services de santé empêche les Tchadiens de se faire soigner. Les données de l'ECOSIT 4 montrent que plus de 61 % des Tchadiens (57 % en zone urbaine et 63 % en zone rurale) qui ont été malades récemment ont choisi de ne pas consulter un médecin. Hormis l'automédication, la raison la plus courante de ne pas recourir à des soins de santé était le coût associé aux services de santé, 76 % des sondés citant soit le manque de ressources financières pour payer ces services, soit le coût élevé des soins de santé. L'éloignement par rapport aux hôpitaux et aux centres de santé peut également poser problème pour accéder aux soins, en particulier dans les zones rurales : 10 % des ruraux ayant été malades récemment n'ont pas cherché à se faire soigner à cause de la distance à parcourir, tandis que seulement 1,4 % des habitants de N'Djaména et 3 % des citadins citent cela comme une raison de ne pas chercher à se faire soigner.

La crise de la COVID-19 a eu de graves répercussions sur le bien-être de la population et perturbé considérablement la prestation des services de santé. Par exemple, les campagnes de vaccination systématique ont été remises à plus tard et des ressources substantielles ont été affectées à la préparation du système de santé pour prévenir la propagation du virus. Des données d'enquêtes téléphoniques montrent que parmi les personnes qui jugent leurs conditions de vie difficiles (le niveau le plus faible de l'échelle), 65 % ont indiqué que la COVID-19 a porté atteinte à leur bien-être.

L'utilisation accrue de téléphones mobiles contribue également à réduire la pauvreté. Alors que les ménages tchadiens ont acquis peu de biens supplémentaires entre 2011 et 2018, le nombre de propriétaires de téléphones mobiles a considérablement augmenté, en particulier parmi les groupes à faible revenu et les ménages urbains (figure 1.17). L'augmentation du nombre de propriétaires de téléphones mobiles parmi les ménages ruraux et pauvres est partie d'un niveau

FIGURE 1.17

Propriété de biens, 2011 et 2018

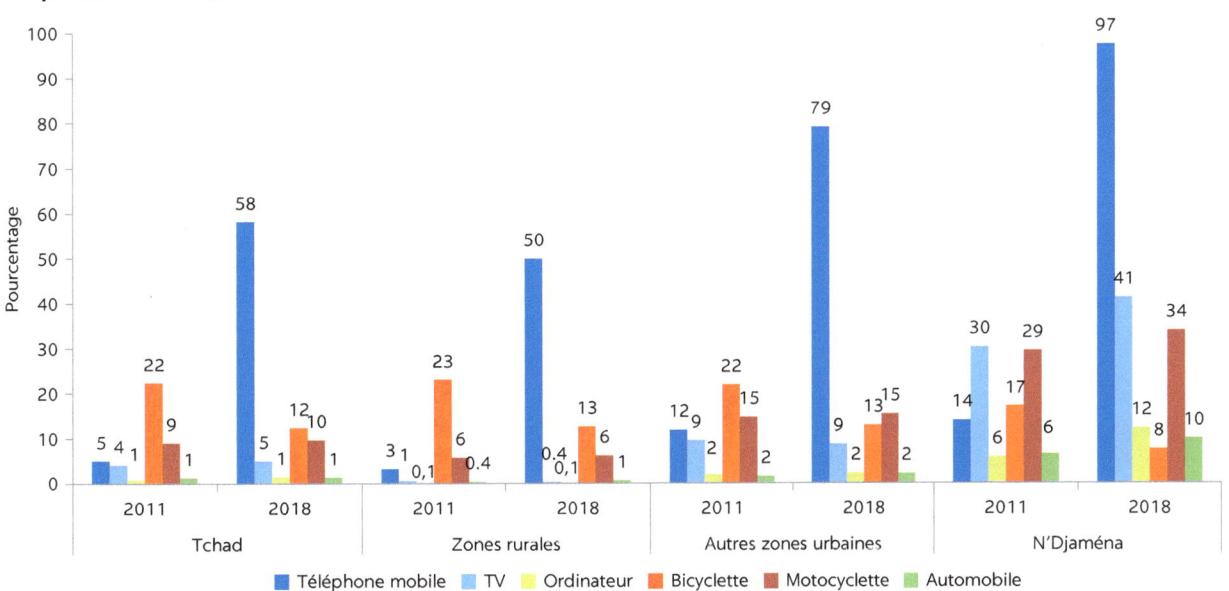

Sources : INSEED-Tchad, 2011 et 2018 (ECOSIT 3 et ECOSIT 4).

très bas, ce qui a généré des gains de consommation importants, tant du point de vue du patrimoine lui-même que du rendement économique de l'utilisation productive de ces téléphones. Parallèlement, la possession de moyens de communication et de transport plus sophistiqués (par exemple, ordinateurs, télévisions, motocyclettes et automobiles) a augmenté plus rapidement dans les ménages urbains et les plus aisés, ce qui a eu peu d'impact sur la pauvreté.

Les progrès en matière d'accès à l'électricité et à l'eau potable ont entraîné une augmentation de la consommation des ménages, mais restent lents. L'accès au réseau électrique et la consommation d'eau potable[8] ont augmenté dans les ménages ruraux et urbains, mais l'approvisionnement en électricité a sensiblement progressé davantage à N'Djaména que dans le reste du pays, tandis que la consommation d'eau de boisson de meilleure qualité s'est davantage améliorée en milieu rural que dans les zones urbaines (figure 1.18). Ces améliorations ont contribué à réduire la pauvreté, bien que la plupart des effets positifs sur la consommation des ménages pauvres et vulnérables aient été observés dans la capitale, alors que l'impact dans les zones rurales est marginal. L'accès aux services de base reste très faible : environ 90 % des ménages à l'échelle nationale et la quasi-totalité de la population rurale n'ont pas accès au réseau électrique ; plus de 40 % de l'ensemble des ménages et 46 % des ménages ruraux n'ont accès qu'à des sources d'eau de boisson insalubres ; l'accès à des services d'assainissement de base reste très problématique, en particulier dans les zones rurales ; et plus de 90 % de l'ensemble des ménages et plus de 99 % des ménages ruraux continuent de dépendre de sources d'énergie inefficaces pour la cuisson des aliments.

Accès aux infrastructures et services de base

Le niveau d'accès aux services publics reste plus faible au Tchad que dans les pays comparables. En 2018, la proportion de la population tchadienne qui avait accès à l'électricité, à des installations sanitaires de base et à l'eau potable était plus faible que dans n'importe quel autre pays comparable (figure 1.19). En raison des graves lacunes dans la prestation des services, le Tchad a enregistré le

FIGURE 1.18

Accès aux services de base, par zone, 2011 et 2018

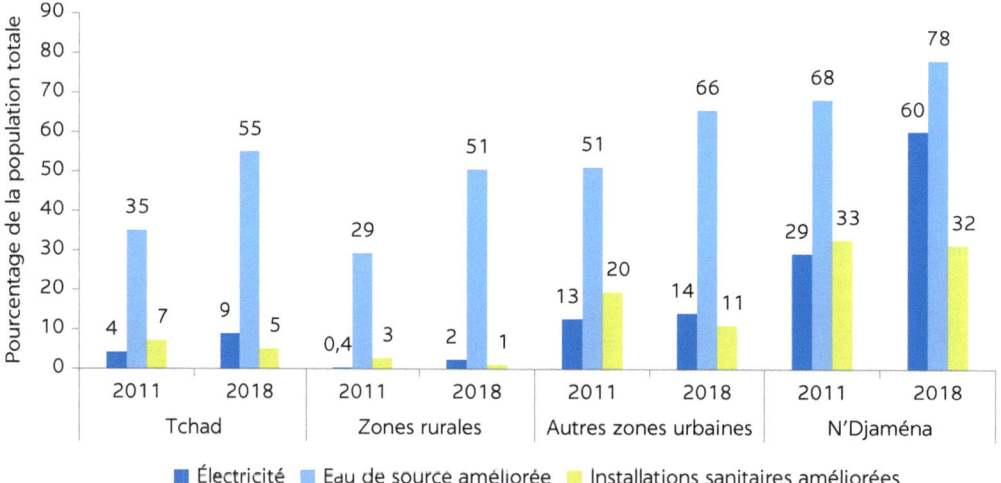

Sources : INSEED-Tchad, 2011 et 2018 (ECOSIT 3 et ECOSIT 4).

FIGURE 1.19

Accès aux services de base, Tchad et pays comparables, 2017-2018

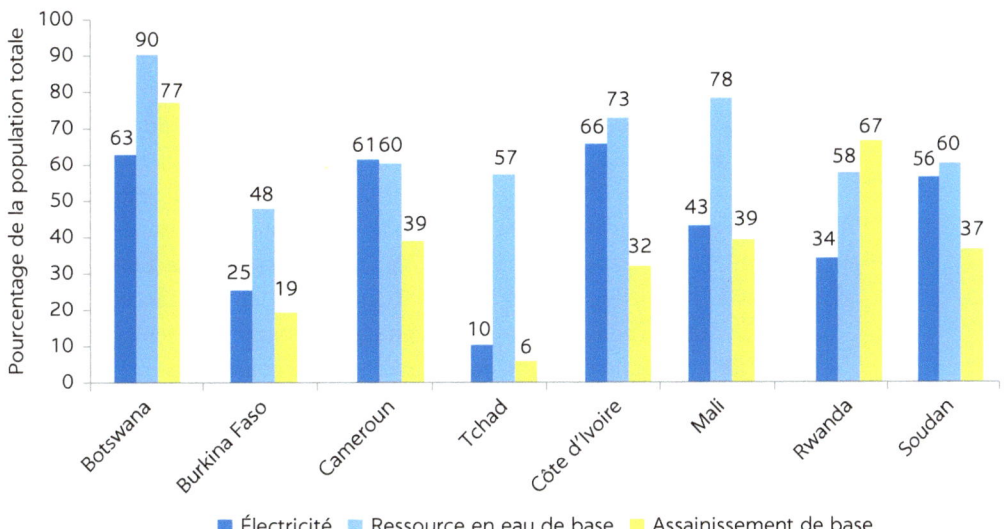

Sources : INSEED-Tchad, 2018 (ECOSIT 4), et Indicateurs du développement dans le monde, https://data
.worldbank.org/indicator.
Note : Les chiffres représentent les pourcentages de la population totale. Les données sont de 2018 pour le
Tchad et de 2017 pour les pays comparables.

FIGURE 1.20

**Taux de mortalité attribué à l'insalubrité de l'eau, aux mauvaises conditions sanitaires
et au manque d'hygiène, 2016**

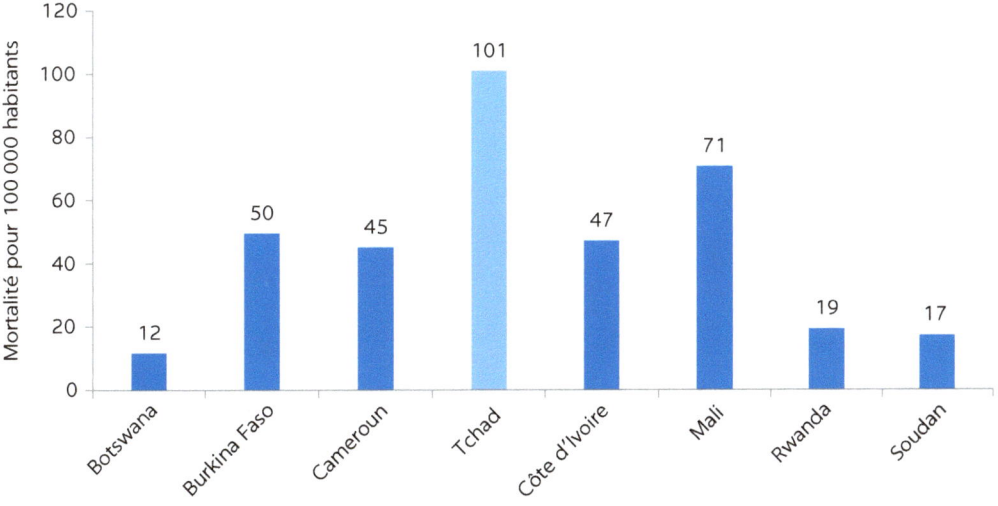

Source : Indicateurs du développement dans le monde, https://data.worldbank.org/indicator.

plus grand nombre de décès attribués à l'eau insalubre, aux mauvaises conditions
sanitaires et au manque d'hygiène parmi les pays comparables en 2016
(figure 1.20). Par exemple, le taux de mortalité imputable à ces trois facteurs au
Tchad est 1,4 fois plus élevé qu'au Mali, qui affiche le deuxième taux de mortalité
le plus élevé.

INÉGALITÉS ET PROSPÉRITÉ PARTAGÉE

Les inégalités ont diminué entre 2011 et 2018, et des signes de croissance favorable aux pauvres sont apparus. L'indice de Gini basé sur la consommation a reculé de 42,1 % en 2011 à 33,4 % en 2018. Les inégalités ont diminué partout, mais plus rapidement dans les zones rurales, où l'indice de Gini semble avoir régressé de 41,6 % à 30,3 %, contre 36,2 % à 33,6 % dans les zones urbaines. La courbe d'incidence de la croissance pour la période 2011-2018, qui montre la variation en pourcentage de la consommation moyenne pour chaque centile de distribution, est décroissante, ce qui indique une croissance plus forte parmi les couches de population les plus pauvres (figure 1.21). Cette tendance est surtout observée dans les zones rurales, tandis que les avantages en faveur des pauvres ont été limités en zone urbaine, en particulier à N'Djaména.

Les fortes inégalités entre les ménages, qui sont dues à leur composition démographique et au secteur d'activité dans lequel le chef de ménage exerce, donnent à penser qu'il est possible d'accélérer la réduction de la pauvreté à l'aide d'une transformation démographique et économique plus rapide. Au Tchad, les ménages parmi les 40 % les plus pauvres de la population sur l'échelle de

FIGURE 1.21

Courbes d'incidence de la croissance, 2011-2018

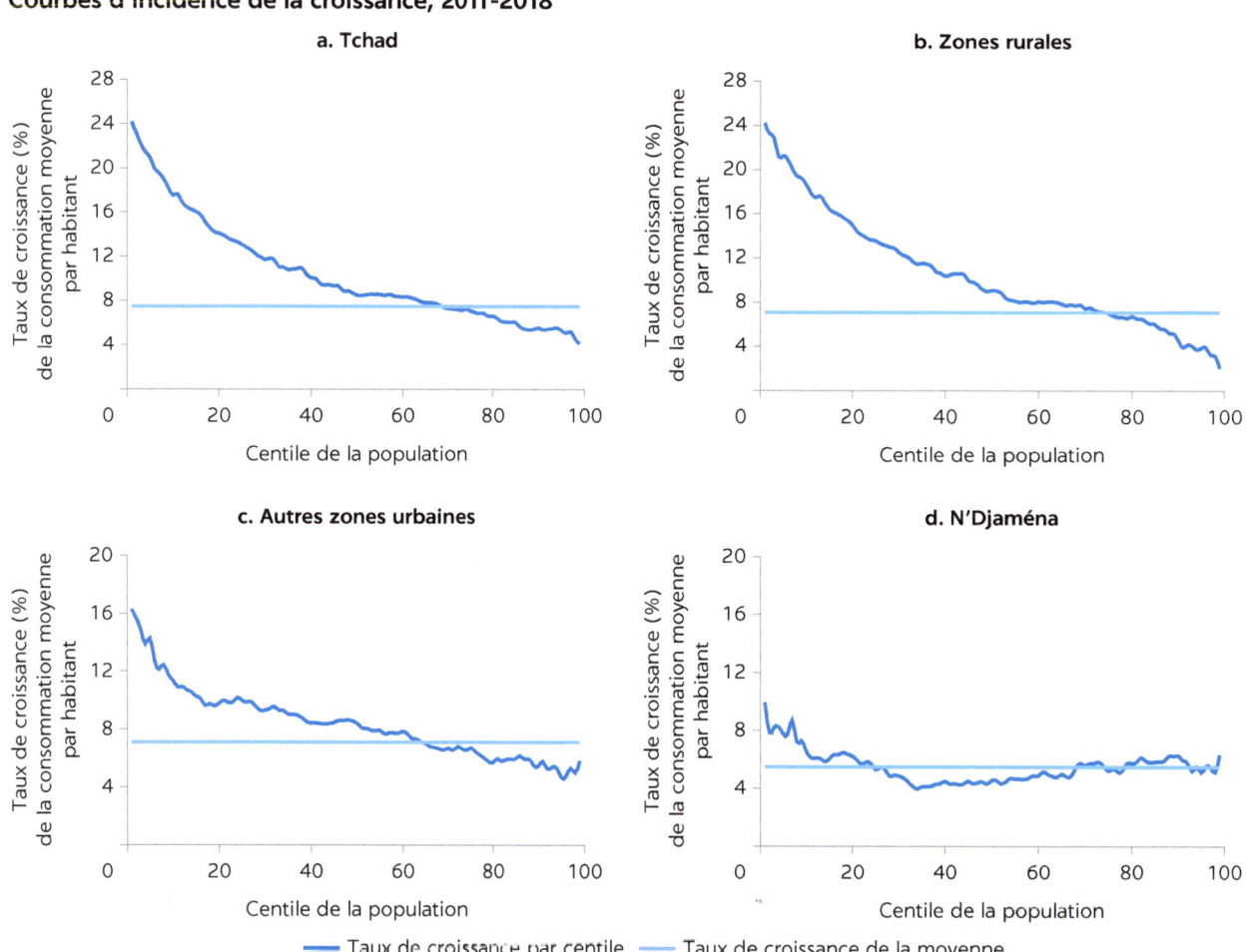

Sources : INSEED-Tchad, 2011 et 2018 (ECOSIT 3 et ECOSIT 4).

répartition de la consommation sont extrêmement pauvres, vivent en zone rurale et ont généralement de nombreux enfants. En outre, leur chef est moins instruit que le chef du ménage moyen et a tendance à travailler à son compte ou dans le secteur agricole. Selon des données de 2018, les différences dans la composition démographique des ménages (basées sur le nombre d'enfants) expliquent environ 18 % des inégalités totales. Le niveau de consommation par habitant des ménages comptant moins de trois enfants de moins de 15 ans est, en moyenne, 1,8 fois plus élevé que celui des ménages comptant cinq enfants ou plus.

Cette situation donne à penser que les efforts visant à réduire le taux de fécondité et à stimuler la transition démographique contribueraient à accélérer la réduction de la pauvreté. De même, les différences entre les ménages par rapport au secteur d'activité dans lequel est employé le chef du ménage représentent environ 16 % des inégalités totales. Les ménages dirigés par une personne qui travaille dans le secteur des services ou de l'industrie ont des niveaux de consommation moyens environ 1,7 fois et 1,5 fois plus élevés, respectivement, que ceux dirigés par un travailleur agricole, ce qui indique qu'une transition plus rapide de la main-d'œuvre vers des secteurs plus productifs (tels que les services et l'industrie) favoriserait l'accroissement des revenus et la réduction de la pauvreté. Cette transition devrait tenir compte des disparités régionales, car de fortes inégalités spatiales peuvent exacerber les tensions sociales et la fragilité et entraver une croissance inclusive et une prospérité partagée. En effet, les écarts entre zones urbaines et zones rurales expliquent environ 14 % des inégalités totales, et les disparités entre zones géographiques représentent environ 10 % de celles-ci.

La pandémie de COVID-19 devrait entraîner une aggravation des inégalités. Les données de la première (mai-juin 2020) et de la troisième (janvier-février 2021) vagues de l'enquête à haute fréquence montrent que la part des ménages du quintile de revenu le plus bas qui ont perdu une partie de leur revenu total a augmenté de 10 points de pourcentage au cours de la période de six mois, ce qui est supérieur à l'augmentation de 3 points de pourcentage pour les ménages du quintile le plus élevé. La baisse du revenu total des ménages s'explique en partie par une diminution de la fréquence et du niveau des envois de fonds, en particulier au profit des ménages du quintile le plus pauvre. En conséquence, l'écart de revenu entre les ménages riches et les ménages pauvres devrait continuer de se creuser, entraînant un accroissement des inégalités.

ACCÈS LIMITÉ À L'EMPLOI

Malgré des taux d'emploi relativement élevés, la plupart des actifs occupent des emplois peu spécialisés[9], tandis que les jeunes forment la majeure partie des chômeurs et des travailleurs découragés du pays[10]. Plus de 73 % de la population totale âgée de 15 ans et plus participent au marché du travail. Seulement 0,92 % de la population active est prise en compte dans la définition stricte du chômage de l'Organisation internationale du travail, qui exclut les travailleurs découragés. Cependant, si l'on tient compte de ces derniers, le taux de chômage caché du pays passe à 2,6 %, la proportion de travailleurs découragés étant beaucoup plus élevée que celle des chômeurs qui cherchent activement du travail. Les jeunes représentent la plus grande part des travailleurs découragés et des sans-emplois, ce qui illustre le manque d'opportunités et la capacité limitée du secteur privé à absorber les nouveaux entrants sur le marché du travail.

Le travail indépendant et les emplois relativement peu productifs dominent le secteur de l'emploi au Tchad. Plus de 90 % de la population active travaille soit de façon indépendante, soit pour des ménages, tandis que les emplois plus qualifiés sont très peu nombreux — selon les estimations, seulement 3 % de la population active occupent des postes de direction ou sont des employeurs, et 1,7 % travaille comme ouvriers qualifiés (figure 1.22). La prédominance des emplois peu qualifiés est encore plus prononcée dans les zones rurales, où plus de 96 % de la population active travaille soit à son propre compte soit pour des ménages, tandis qu'environ 1 % occupe un emploi qualifié ou un poste d'encadrement. L'emploi peu qualifié est également plus répandu chez les femmes, en raison de taux élevés de travail domestique (48 %), que chez les hommes (17 %) (figure 1.23).

Le faible taux de chômage masque des taux relativement élevés de travailleurs découragés, dont la plupart sont des jeunes. Plus de 60 % des chômeurs ne dépassent pas 30 ans, et plus de la moitié de la totalité des chômeurs cherchent leur premier emploi, ce qui souligne les difficultés auxquelles sont confrontés les jeunes pour trouver un emploi. Selon les estimations, 75 % des travailleurs découragés ont entre 15 et 30 ans, plus de 22 % ayant au moins le niveau du premier cycle du secondaire.

La forte proportion de jeunes parmi les sans-emplois et les travailleurs découragés, ainsi que la petite taille du secteur privé, donnent une idée des défis que le pays pourrait rencontrer dans les années à venir. Le manque de perspectives d'emploi pour les Tchadiens devrait être amplifié à l'avenir, compte tenu de la jeunesse de la population de ce pays. En effet, la population tchadienne en âge de travailler devrait doubler d'ici 2045, ce qui exercera une pression encore plus forte sur le marché du travail national.

FIGURE 1.22

Catégorie professionnelle de la population active, 15 ans et plus, 2018

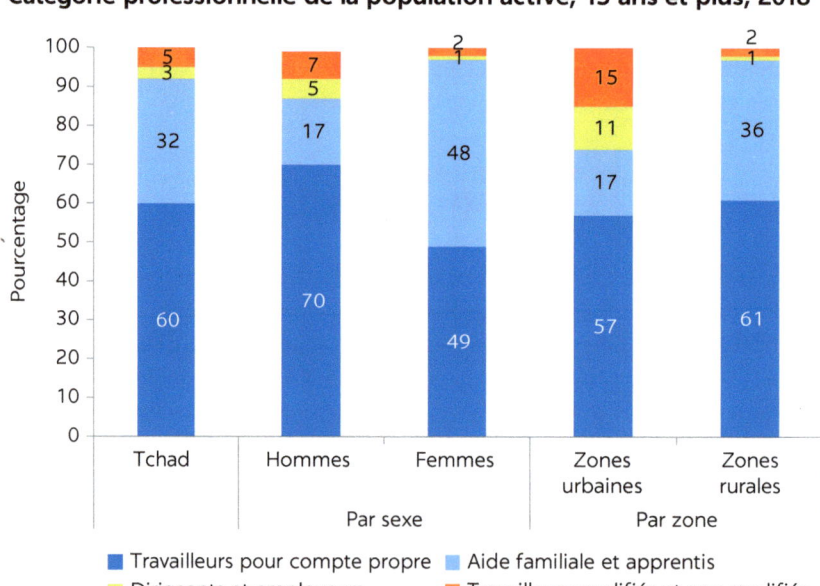

Source : INSEED-Tchad, 2018 (ECOSIT 4).

FIGURE 1.23

Proportion de chercheurs d'un premier emploi parmi les chômeurs âgés de 15 ans et plus, 2018

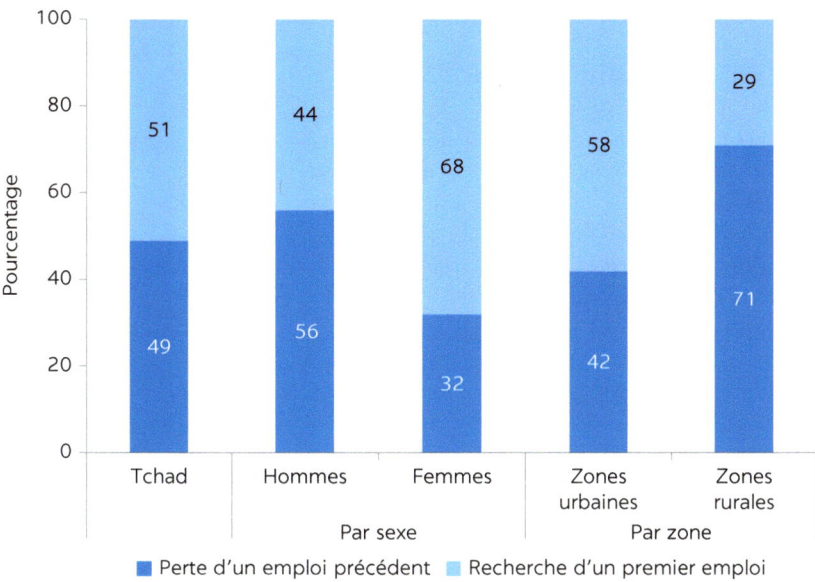

Source : INSEED-Tchad, 2018 (ECOSIT 4).

NOTES

1. Les données de cette section proviennent de la base de données du Portail de connaissances sur le changement climatique du Groupe de la Banque mondiale (consulté le 9 juin 2020) : https://climateknowledgeportal.worldbank.org/country/chad.

2. En conséquence, le pays a légèrement amélioré son indice de capital humain, qui est passé de 0,29 en 2010 à 0,30 en 2020.

3. L'indice de pauvreté multidimensionnelle mesure les privations dans six catégories : l'éducation, la santé, les enfants et les jeunes, l'accès aux services de base, les conditions de logement et les actifs, et on dit d'un individu qu'il est un pauvre multidimensionnel lorsqu'il subit des privations dans au moins deux de ces six dimensions. Cet indice a été mesuré à 70 % en 2003, 66 % en 2011 et 59 % en 2018.

4. L'enquête ECOSIT 4 révèle que les principales raisons sont les coûts d'opportunité et le manque d'apprentissage pour les garçons et les filles (qui sont également affectés par les normes sociales).

5. On désigne par pauvreté des apprentissages l'incapacité à lire et comprendre un texte court et adapté jusqu'à l'âge de 10 ans. Cet indicateur mesure à la fois la proportion d'enfants qui n'ont pas acquis les compétences minimales en lecture et la proportion d'enfants non scolarisés.

6. Enquête internationale sur les acquis scolaires du Programme d'analyse des systèmes éducatifs de la CONFEMEN (PASEC). PASEC 2019, http://www.pasec.confemen.org/.

7. Le taux de fécondité au Niger est de 6,9, mais le Niger n'est pas considéré comme un pays comparable pour le Tchad dans cette analyse.

8. L'eau salubre ou l'eau potable améliorée désigne une « ressource en eau de base », telle que définie dans les ODD comme étant de l'eau potable provenant d'une source d'eau améliorée située sur place (eau courante) ou d'une source (par exemple, puits tubulaires, forages, puits creusés protégés, sources protégées et dispositif de récupération des eaux de pluie) qui peut être atteinte en 30 minutes maximum de trajet aller et retour.

9. Cet obstacle n'a pas été classé au premier rang des priorités en 2015 parce que l'accent était mis sur les zones rurales. Cependant, les mesures de confinement imposées en réponse à la COVID-19 ont eu des répercussions disproportionnées sur le secteur informel urbain.

10. Personnes en âge de travailler qui sont disponibles, mais ne cherchent pas d'emploi pour des raisons liées au marché du travail, telles que l'incertitude sur la façon de chercher un emploi, les échecs passés dans la recherche d'un emploi ou le manque d'expérience.

RÉFÉRENCES BIBLIOGRAPHIQUES

INSEED-Tchad (Institut national de la statistique, des études économiques et démographiques du Tchad). 2011. *Tchad, Troisième enquête sur la consommation et le secteur informel au Tchad-ECOSIT 3.*

INSEED-Tchad (Institut national de la statistique, des études économiques et démographiques du Tchad). 2018. *Tchad, Quatrième enquête sur la consommation et le secteur informel au Tchad-ECOSIT 4.*

INSEED-TCHAD, MSP et ICF (Institut national de la statistique, des études économiques et démographiques [INSEED], ministère de la Santé publique [MSP], et ICF International. 2016. « Enquête démographique et de santé et à indicateurs multiples au Tchad (EDS-MICS) 2014–2015). » ICF International : Rockville, Maryland, USA. https://dhsprogram .com/pubs/pdf/FR317/FR317.pdf.

Magrin, G. *2016*. "The Disappearance of Lake Chad: History of a Myth." *Journal of Political Ecology* 23 (1): 204–22.

UN DESA (United Nations Department of Economic and Social Affairs, Population Division). 2019. *World Population Prospects 2019, Volume II: Demographic Profiles.* ST/ESA/SER.A/427. https://population.un.org/wpp/Publications/Files/WPP2019_Volume-II-Demographic -Profiles.pdf.

UNDP (United Nations Development Programme). 2019. *Human Development Report 2019: Beyond Income, Beyond Averages, Beyond Today—Inequalities in Human Development in the 21st Century.* New York: UNDP. https://hdr.undp.org/content/human-development-report-2019.

UNDP (United Nations Development Programme). 2020. *Human Development Report 2020: The Next Frontier—Human Development and the Anthropocene.* New York : UNDP. https://hdr.undp.org/content/human-development-report-2020.

UNHCR (United Nations Refugee Agency). 2020. "UNHCR Sahel Crisis Response, 16–30 April 2020." External Operational Update. http://reporting.unhcr.org/sites/default/files /UNHCR%20Sahel%20Crisis%20Response%20-%20Operational%20Update%20-%20 16-30%20April%202020.pdf.

World Bank. 2020. "Chad: Economic and Poverty Update under COVID-19, Spring 2020." World Bank, Washington, DC. https://openknowledge.worldbank.org/handle/10986/34563.

World Bank. 2021. "Chad Poverty Assessment: Investing in Rural Income Growth, Human Capital, and Resilience to Support Sustainable Poverty Reduction." World Bank, Washington, DC. https://openknowledge.worldbank.org/handle/10986/36443.

2 Principaux obstacles à la réduction de la pauvreté et à la prospérité partagée

CONTEXTE GÉNÉRAL

En 2021, le Tchad s'est heurté à d'énormes obstacles qui ont eu des répercussions négatives sur la croissance économique et l'inclusion. Certains de ces obstacles — tels que l'accès limité aux infrastructures, la faiblesse de la productivité agricole et le faible niveau d'accumulation du capital humain — avaient déjà été relevés dans le SCD (diagnostic-pays systématique [*Systematic Country Diagnostic*]) de 2015. Cependant, d'autres obstacles ont vu le jour depuis lors, tels que l'insécurité grandissante et les problèmes liés au changement climatique, la difficulté à gérer l'instabilité des recettes pétrolières et le faible accès à l'emploi dans le secteur formel.

OBSTACLES RELEVÉS EN 2015 QUI SUBSISTENT

Le SCD 2015 a recensé quatre obstacles majeurs à la réalisation du double objectif de la Banque mondiale qui consiste à mettre fin à l'extrême pauvreté et promouvoir une prospérité partagée au Tchad : a) l'accès limité au capital physique et humain, b) le rendement social limité des activités économiques en milieu rural, c) l'appropriation individuelle du rendement de l'investissement et de l'entrepreneuriat, et d) le manque de motivation et de capacité des autorités à s'attaquer aux obstacles qui freinent la réduction de la pauvreté. Tout en revenant sur ces obstacles, la présente mise à jour du SCD (2021) relève cinq autres contraintes majeures qui n'avaient pas été prises en compte dans le SCD de 2015.

L'accès limité aux infrastructures est dû à des investissements publics insuffisants et inefficaces

L'accès aux services de base reste très faible[1] : environ 90 % des ménages à l'échelle nationale et la quasi-totalité de la population rurale ne sont pas raccordés au réseau électrique ; plus de 40 % de l'ensemble des ménages et 46 % des ménages ruraux n'ont accès qu'à des sources d'eau de boisson insalubres ; l'eau potable continue de poser un défi incommensurable pour les ménages ruraux et pauvres ; l'accès aux services d'assainissement de base reste très problématique, en particulier en milieu rural ; et plus de 90 % de l'ensemble des ménages ainsi que plus de 99 % des ménages ruraux continuent de dépendre de sources d'énergie inefficaces pour la cuisson des aliments. En 2018, la proportion de la population tchadienne qui avait accès à l'électricité, à des installations sanitaires de base et à l'eau potable était plus faible que dans n'importe quel autre pays comparable (figure 2.1). En raison de ces graves lacunes dans la prestation des services, le Tchad a enregistré le plus grand nombre de décès attribués à l'eau insalubre, aux mauvaises conditions sanitaires et au manque d'hygiène parmi les pays comparables en 2016.

Les progrès en matière d'accès à l'électricité et à l'eau potable ont entraîné une augmentation de la consommation des ménages, mais restent lents. La consommation d'électricité et d'eau potable[2] a progressé aussi bien dans les ménages ruraux qu'urbains, mais cette progression est nettement plus importante à N'Djaména que dans le reste du pays en ce qui concerne l'électricité, tandis que la consommation d'eau potable améliorée a augmenté nettement plus vite en milieu rural que dans les centres urbains (figure 2.2). Ces améliorations ont contribué à réduire la pauvreté, bien que la plupart des effets positifs sur la consommation des ménages pauvres et vulnérables aient été observés dans la capitale, alors que l'impact dans les zones rurales a été marginal.

En matière d'accès à l'énergie, le Tchad fait exception à la règle à l'échelle mondiale. Malgré ses énormes ressources fossiles et solaires, le pays affiche l'un des taux d'accès à l'électricité les plus bas au monde — 6,4 % selon les estimations — ainsi que d'importantes disparités entre les zones urbaines (20 %) et rurales (1 %). Dans un pays qui compte plus de 16 millions d'habitants et dont le taux de croissance démographique est de plus de 3 % par an, la capacité de production existante d'environ 170 mégawatts seulement — qui est constituée d'îlots de puissance installés dans les villes — est nettement inférieure aux besoins du pays. Même les personnes raccordées à l'électricité

FIGURE 2.1

Accès aux services de base, Tchad et pays comparables, 2017-2018

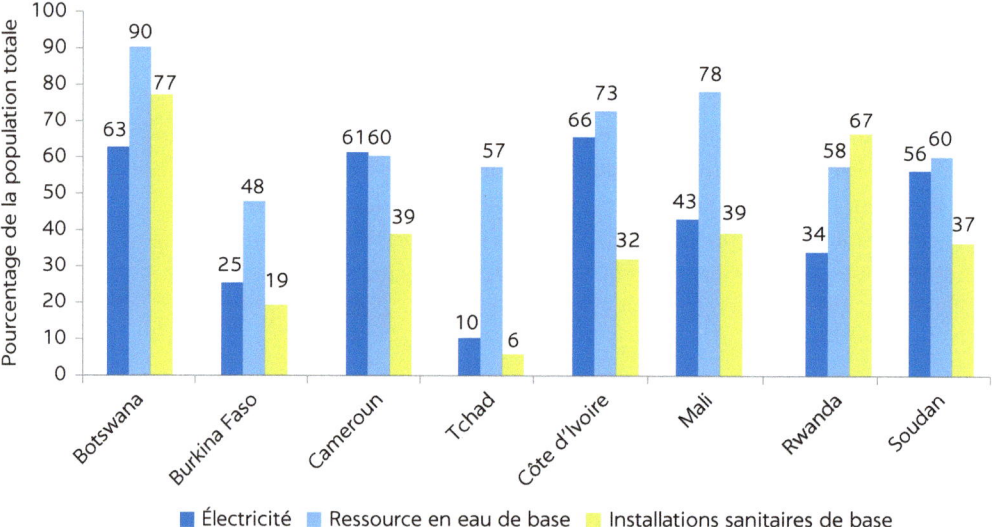

Sources : INSEED-Tchad, 2018 (ECOSIT 4), et Indicateurs du développement dans le monde, https://data .worldbank.org/indicator.
Note : Les chiffres représentent les pourcentages de la population totale. Les données sont de 2018 pour le Tchad et de 2017 pour les pays comparables.

FIGURE 2.2

Accès aux services de base, par zone, 2011 et 2018

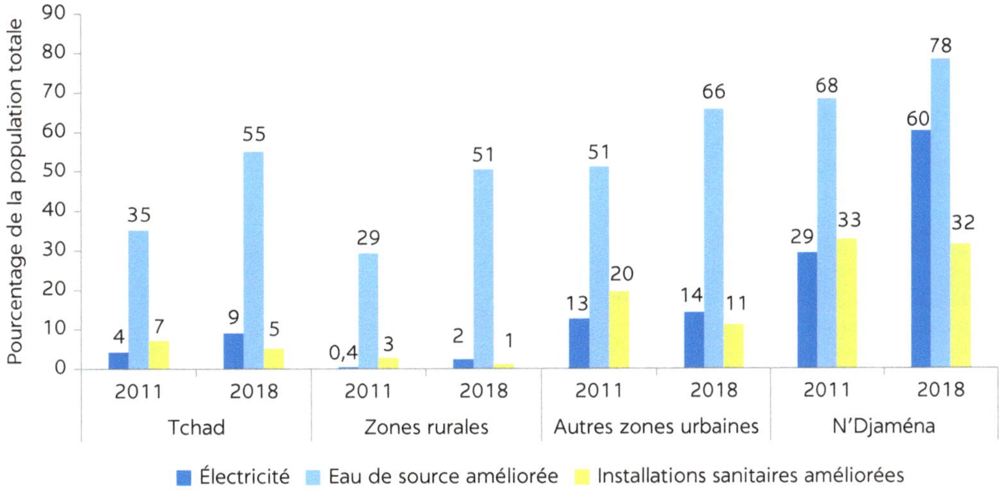

Sources : INSEED-Tchad, 2011 et 2018 (ECOSIT 3 et ECOSIT 4).

subissent des délestages quotidiens. Les principaux problèmes qui se posent au secteur national de l'énergie sont des déficiences en matière de gouvernance, l'inadéquation des tarifs, le niveau élevé des coûts de production et l'absence de politiques favorables à l'investissement privé dans l'accès hors réseau (figure 2.3).

Les coupes faites dans les dépenses publiques ont limité l'investissement dans les infrastructures de base. Les investissements publics restent insuffisants et tributaires de financements extérieurs, ce qui crée un important déficit d'infrastructures et donne lieu à des ouvrages de piètre qualité, en particulier dans les zones rurales. Cela dit, l'investissement public a augmenté entre 2019 et 2020, passant de 4,3 % à 6,8 % du PIB. Entre 2015 et 2020, l'enveloppe budgétaire globale allouée à l'investissement public dans l'énergie, le transport, les télécommunications et l'eau représentait en moyenne 28 % du budget d'investissement total du pays. Le budget d'investissement public était principalement tributaire de financements extérieurs pendant cette période (58 % des investissements publics étant financés par des ressources extérieures). Étant donné que la crise actuelle devrait avoir un impact considérable sur les recettes publiques du Tchad au cours des deux prochaines années, les dépenses d'investissement et les transferts devraient dépendre fortement de financements extérieurs. Malgré quelques améliorations récentes, des efforts considérables restent nécessaires pour accroître l'efficacité technique des dépenses publiques au Tchad et les affecter d'une manière plus optimale.

La faiblesse de la productivité et des exportations limite le rendement des activités agricoles et pastorales

Les ménages qui tirent leur subsistance de l'agriculture — laquelle est peu productive et fortement exposée aux chocs au Tchad — sont plus susceptibles de vivre dans la pauvreté[3]. En 2018, environ 52 % des ménages dont le chef travaillait dans le secteur agricole étaient pauvres, ce qui dénote la prévalence de l'agriculture de subsistance dans le pays. En revanche, le taux de

FIGURE 2.3
Principaux défis du secteur de l'électricité au Tchad

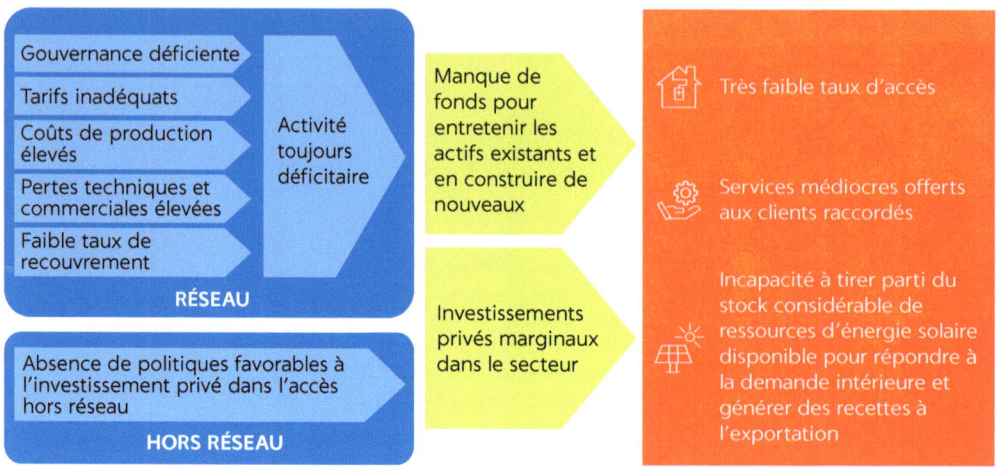

Source : Banque mondiale.

pauvreté tombe à 28 % et 18 % lorsque le chef du ménage travaille dans l'industrie et les services, respectivement. Environ 68 % des ménages possèdent des terres cultivables, et l'agriculture reste la principale activité économique dans les zones rurales. Le domaine agricole[4] se caractérise par des exploitations relativement petites, 88 % des ménages propriétaires possédant moins de 5 hectares (ha) de terres. Les ménages pauvres sont plus nombreux à s'adonner à la production agricole, le plus souvent à la culture de céréales. Bien que les pauvres soient plus susceptibles de posséder des terres que les non-pauvres, leurs propriétés sont généralement un peu plus petites que la moyenne. Néanmoins, le pays dispose d'un potentiel agricole important, la superficie totale des terres cultivables étant estimée à 39 millions d'hectares, dont 5,6 millions sont irrigués et 435 000 (y compris 100 000 hectares de terres agricoles dans les oasis) sont faciles à mettre en valeur. Toutefois, toute initiative de cette nature devra tenir compte des tensions et conflits importants qui opposent de plus en plus agriculteurs et éleveurs — ou les membres de ces groupes socioéconomiques entre eux — autour de l'accès aux ressources naturelles (par exemple, la terre et l'eau), ainsi que de la gouvernance de ces ressources et des intérêts économiques connexes. Environ 4,5 millions d'hectares de terres ont été cultivés en moyenne chaque année au cours des cinq dernières années (moins de 12 % du potentiel), les deux tiers se trouvant dans la zone sahélienne et un tiers dans la zone soudanaise. Si des terres sont disponibles pour accroître les superficies cultivées et la production agricole, les outils et les moyens pour les exploiter et les irriguer font défaut.

Une combinaison de facteurs limite la productivité dans le secteur agricole : a) l'environnement de production à risque et variable ; b) le manque d'investissements publics efficaces, de services de vulgarisation et de compétences de base pour les activités en aval, qui est associé à l'adoption insuffisante de nouvelles technologies ; c) le défaut d'amélioration de la gestion de l'eau et des terres, qui entrave les efforts visant à accroître les rendements et à réduire les risques climatiques ; d) la non-intégration des chaînes de valeur en amont et en aval ; e) les liaisons limitées avec les marchés locaux et internationaux ; et f) l'insécurité foncière.

En dépit du potentiel élevé de l'élevage au Tchad, de nombreux obstacles empêchent ce secteur d'exploiter pleinement ses capacités de production et de commercialisation. Le secteur de l'élevage représente environ un quart de la valeur ajoutée dans le secteur agricole, soutient environ 40 % de la population rurale et apporte une contribution substantielle à la sécurité alimentaire du pays par la production de viande (abattage), de lait et d'œufs, ainsi que par le revenu que les ménages en tirent. Au-delà du bétail, plusieurs autres activités d'élevage constituent d'importantes sources de revenus pour les ménages ruraux, telles que l'aviculture, l'élevage non conventionnel, l'apiculture, etc. Toutefois, les obstacles au développement du secteur vont des problèmes sanitaires au niveau de la production aux difficultés de transport et de franchissement des frontières, en passant par la forte prévalence de l'informel. La multiplicité des intermédiaires dans la chaîne de valeur des exportations réduit aussi considérablement la part du revenu qui revient aux éleveurs et aux petits producteurs. D'autres obstacles importants comprennent les problèmes de logistique, les délais de dédouanement dus au manque de coordination des agences concernées et à la multiplicité des formalités, et la congestion aux postes-frontières. Des délais d'attente plus longs entraînent souvent une perte de poids des animaux, et les retards sont préjudiciables au respect des normes et standards associés au commerce de la viande, entraînant le rejet du bétail ou des produits à l'arrivée ou leur vente à des prix nettement plus bas.

L'accès limité à l'éducation et aux soins de santé est dû à des financements publics insuffisants et inefficaces

Avec un taux de croissance démographique moyen estimé à 3,3 %, le système d'éducation et de formation du pays subit une énorme pression démographique[5]. Selon des estimations basées sur le recensement de 2009, 56 % de la population (8,6 millions de personnes) ont entre 3 et 24 ans, et ce groupe devrait atteindre 13,5 millions de personnes d'ici 2030. En outre, la proportion de la population en âge d'être scolarisée dans le primaire (6 à 11 ans) était de 18 % en 2018 ; elle devrait se maintenir (voire augmenter légèrement) jusqu'en 2030. Par conséquent, les contraintes démographiques du pays sont relativement sévères.

Cela dit, en pourcentage des dépenses publiques, les dépenses d'éducation restent faibles et nettement inférieures à la norme du Partenariat mondial pour l'éducation (GPE). La part de l'éducation dans les dépenses publiques totales a diminué, passant de 15,4 % en 2013 à 8,9 % en 2015, puis s'est redressée pour monter à 11 % en 2019, avant de redescendre à 9,5 % en 2020 (ce qui est nettement inférieur à la norme du GPE de 20 %). L'éducation ne semble pas être traitée comme une priorité au Tchad, car la part de l'éducation dans les dépenses publiques totales a tendance à être réduite en cas de choc ou de crise. L'examen des dépenses publiques 2019 pour le Tchad montre que la part des dépenses publiques d'éducation en pourcentage du PIB est restée inférieure à 3 % ces dernières années. En outre, le financement de l'éducation est monté à 14 % du budget public en 2017, avant de dégringoler à 10 % en 2018 et de s'établir à 12 % en 2019. La principale source de financement des établissements scolaires publics et communautaires est la contribution des parents (45 %), et seulement 3 enseignants sur 10 dans l'enseignement primaire sont payés par l'État. La répartition des enseignants varie considérablement d'une région à l'autre, avec une forte concentration d'enseignants à N'Djaména.

Les faibles résultats du Tchad en matière d'éducation et de formation tiennent non seulement à l'insuffisance des dépenses publiques, mais aussi à l'inefficacité des dépenses d'éducation. Le système éducatif du pays est intrinsèquement inefficace et se caractérise par des enseignements de qualité faible. À titre de comparaison, certains pays de niveau similaire consacrent environ 2 à 3 % de leur PIB à l'éducation, mais ont une espérance de vie scolaire beaucoup plus élevée que celle du Tchad. Il s'agit notamment du Cameroun, de la République démocratique du Congo et de Madagascar, qui investissent respectivement 2,8 %, 2,2 % et 3 % de leur PIB dans l'éducation, et ont atteint une espérance de vie scolaire de 11,5, 9,3 et 10,2 ans, respectivement. Cela montre qu'en dépit du faible niveau de financement de l'éducation, il est possible pour le Tchad d'utiliser plus efficacement les ressources disponibles et d'atteindre des niveaux de scolarisation plus élevés. Le taux d'abandon des études primaires a augmenté, passant de 10 % en 2013 à 20 % en 2016. Entre 2011 et 2016, le taux moyen de redoublement dans l'enseignement primaire était d'environ 23 %, ce qui est supérieur à la moyenne des pays comparables. Le coût de cette inefficacité a été estimé à 0,3 % du PIB en 2018. Cela représentait 59 % des ressources allouées à l'enseignement primaire en 2016 (UNESCO, 2016).

Le secteur de la santé exige toujours beaucoup de main-d'œuvre, mais comporte peu d'agents de santé qualifiés, ce qui a une incidence négative sur la prestation des soins de santé. Selon le Plan national de développement sanitaire 2017-2021, le ministère de la Santé publique du Tchad comptait 8 149 agents de santé à la fin de 2016 (Chad Santé, 2018). La densité du personnel de santé au niveau national a été estimée à 0,58 pour 1 000 habitants en 2016, ce qui est nettement inférieur à la norme recommandée par l'OMS pour atteindre les ODD, à savoir 4,45 agents pour 1 000 habitants. Au niveau régional, 18 provinces sur 23 ont une densité de moins de 0,6 agent de santé pour 1 000 habitants. Seules les provinces de Tibesti-Est, Ennedi-Ouest et N'Djaména ont des densités relativement élevées, à savoir 5,57, 1,49 et 3,05 respectivement. Alors que les fortes densités dans les deux provinces de l'extrême-nord s'expliquent par leur population relativement faible, N'Djaména compte environ 46 % de l'ensemble du personnel de santé, alors qu'elle n'accueille que 9 % de la population totale.

La lenteur des progrès accomplis par le pays pour améliorer le secteur de la santé est attribuable à l'inadéquation et l'insuffisance des dépenses publiques de santé par rapport à la situation des pays comparables au niveau régional et structurel. Selon la base de données des comptes nationaux de la santé de l'OMS, les dépenses de santé du Tchad se sont élevées au total à 272 milliards de FCFA (4,5 % du PIB) en 2016, soit moins que la moyenne de l'Afrique subsaharienne (5,1 % du PIB) et des pays à faible revenu (5,7 %). En outre, le Tchad dépense 32 dollars par habitant pour la santé, ce qui est nettement inférieur aux moyennes de l'Afrique subsaharienne et des pays à faible revenu qui sont respectivement de 82 et 35 dollars. Parmi les pays comparables sur le plan structurel, le Tchad est seulement plus performant que la République démocratique du Congo (21 dollars). La faiblesse des dépenses de santé du pays dénote également des difficultés d'approvisionnement en produits médicaux. Les dépenses courantes de santé sont calculées en multipliant le prix unitaire (coût) par les quantités de biens et services utilisés. Étant donné que le prix des biens et services médicaux est généralement élevé (voir Chad Santé, 2018), un faible niveau de dépenses implique une faible disponibilité de ces biens et services[6]. Le système de santé tchadien est largement financé par les paiements directs des ménages, les dépenses des ménages représentant plus de 61 % des dépenses courantes de santé, suivies des dépenses publiques (19 %) et des contributions de source extérieure (15 %).

Faible participation des femmes à l'économie et lenteur de la transition démographique

La pauvreté est corrélée au nombre d'enfants et d'autres personnes à charge dans le ménage[7]. En 2018/2019, les ménages pauvres comptaient 1,4 fois plus d'enfants âgés de 15 ans et moins que les ménages non pauvres, d'où un taux de dépendance plus élevé pour les ménages pauvres (2,1) que pour ceux qui ne le sont pas (1,5). Près de 58 % des ménages comptant au moins cinq enfants de moins de 15 ans sont pauvres : ce chiffre est 4,5 fois plus élevé que le taux de pauvreté des ménages sans enfants (estimé à 13 %), il représente 16 points de pourcentage de plus que le taux de pauvreté moyen national, et 33 points de pourcentage de plus que le taux de pauvreté des ménages ayant un ou deux enfants (figure 2.4).

La pauvreté semble également être plus répandue chez les femmes. Bien que les enquêtes auprès des ménages soient basées sur l'hypothèse d'une répartition égale de la consommation entre les membres d'un ménage, certains indices donnent à penser que la pauvreté touche plus les femmes, particulièrement en zone urbaine, où le taux de pauvreté est de 24 % pour les ménages dirigés par des femmes, contre 19 % pour ceux ayant des hommes à leur tête (figure 2.5). Certains types de ménages dirigés par des femmes sont particulièrement vulnérables à la pauvreté, et les femmes mariées dans des foyers polygames sont nettement plus pauvres que le reste de la population. La possession d'actifs, en particulier de moyens de transport et de communication, est également nettement plus faible dans les ménages dirigés par des femmes, ce qui illustre l'accès limité des femmes aux actifs productifs.

Selon le Rapport 2021 sur l'égalité des sexes au Tchad, l'écart entre les élèves des deux sexes se réduit, mais les filles ont toujours un niveau d'études plus faible et des résultats scolaires moins bons que les garçons (World Bank, 2021 a). En outre, les femmes représentent la moitié de la population active du Tchad, mais sont moins productives et gagnent moins que les hommes.

Indice numérique de pauvreté, selon le nombre d'enfants du ménage, 2018

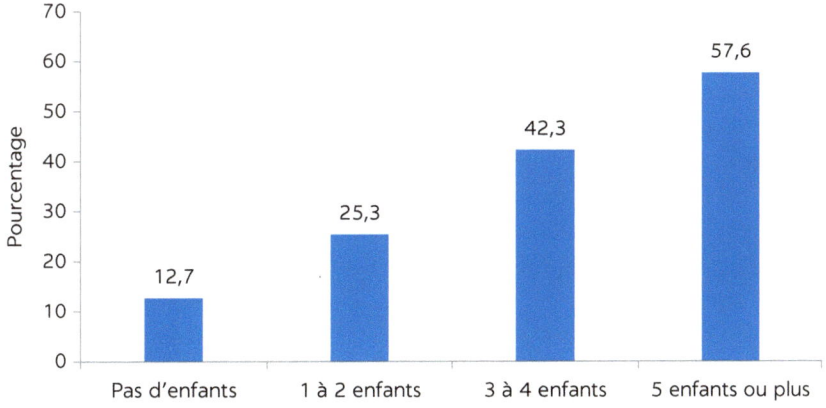

Source : INSEED-Tchad, 2018 (ECOSIT 4).

FIGURE 2.5

Indice numérique de pauvreté, selon le sexe du chef de ménage, 2018

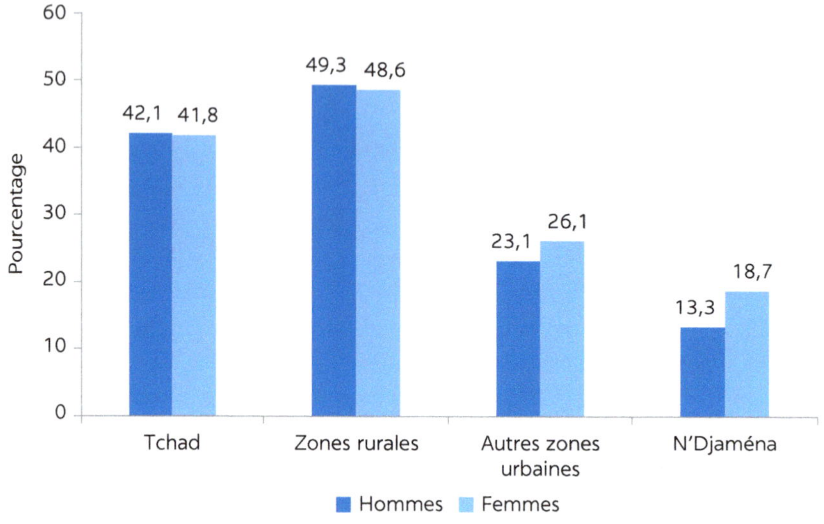

Source : INSEED-Tchad, 2018 (ECOSIT 4).

À peine 50 % des femmes participent à la population active, contre 73 % des hommes[8]. De plus, les femmes sont moins susceptibles de travailler dans le secteur formel et d'obtenir un emploi rémunéré, et elles n'ont pas accès aux mêmes possibilités d'emploi que les hommes. Même lorsqu'elles travaillent, elles sont plus susceptibles d'avoir des emplois à temps partiel ou dans le secteur informel. Les contraintes de temps pour les femmes, qui sont notamment liées à la charge des tâches ménagères, entravent leur capacité à travailler. Tout cela génère d'importants écarts de revenus et de productivité entre les sexes, ce qui réduit à son tour le pouvoir de négociation et la voix des femmes ainsi que leur capacité à négocier un travail productif. Cette section analyse trois questions liées à : a) la productivité des femmes dans l'agriculture, b) leur productivité dans le secteur de l'emploi formel et c) leur place dans l'entrepreneuriat.

Les parcelles de terre gérées par des femmes sont 62 % moins productives que celles gérées par des hommes. L'écart entre les sexes est essentiellement dû aux différences de dotation en facteurs (par exemple, l'accès aux terres productives, aux intrants, aux services de vulgarisation, au matériel agricole et au crédit) ainsi que le niveau d'instruction et d'alphabétisation, ce qui signifie que si les hommes et les femmes avaient accès aux mêmes ressources, l'écart entre les sexes dans le domaine de la productivité agricole serait réduit. Le fait que les femmes cultivent généralement des parcelles plus petites est associé à l'écart de productivité entre les sexes. La plus faible participation des femmes à la main-d'œuvre agricole et leurs choix typiques de cultures sont également corrélés à cet écart entre les sexes, car celui-ci diminue à mesure qu'un plus grand nombre de femmes cultivent du mil, du sorgho et du riz.

Les femmes ont 9 % moins de chances d'avoir un emploi formel que les hommes ; cependant, il n'y a pas d'écart entre les salaires des hommes et des femmes dans le secteur formel. Les femmes qui occupent un emploi formel sont plus susceptibles d'être éduquées et d'avoir un niveau d'instruction secondaire ou supérieur que celles qui travaillent dans le secteur informel. Elles sont également plus susceptibles d'être célibataires, veuves ou divorcées. En outre, le fait que les femmes soient moins enclines à travailler dans le secteur formel est lié à leur niveau d'étude limité. Les femmes mariées sous régime monogamique ou polygamique sont également moins susceptibles d'avoir un emploi formel. Néanmoins, les femmes qui occupent un emploi formel ont en moyenne des salaires semblables à ceux de leurs homologues masculins dans les mêmes secteurs et avec des niveaux d'études similaires. Il existe une ségrégation professionnelle par sexe dans la mesure où les hommes sont plus susceptibles de travailler dans la construction, le transport, la communication, l'agriculture et l'élevage, tandis que les femmes vont plus souvent se retrouver dans l'éducation, la santé, l'hôtellerie et les services aux personnes.

Bien qu'elles représentent 57 % du marché, les entreprises détenues par des femmes réalisent 77 % de bénéfices en moins que celles appartenant à des hommes. Les femmes entrepreneures sont également beaucoup moins susceptibles que les hommes d'avoir accès à l'électricité, à l'eau courante, aux machines, aux comptes bancaires ou aux téléphones. L'écart entre les sexes dans les bénéfices des entreprises est dû en partie à la ségrégation sectorielle. Un plus grand nombre de femmes entrepreneures dans la vente et la réparation de véhicules à moteur serait associé à un écart entre les sexes plus faibles en matière de bénéfices. Cependant, cet écart est le plus souvent imputable aux différences de rendement des facteurs de production, ce qui révèle des biais sous-jacents.

Faiblesse de l'administration publique

La prestation de services est limitée, coûteuse et entravée par la grande taille de la population du pays et sa faible densité[9]. Les faibles capacités des pouvoirs publics et la forte concentration de l'administration dans la capitale, N'Djaména, se traduisent par l'allocation de ressources publiques modestes à la mise en œuvre de politiques favorables aux pauvres dans les zones rurales. De surcroit, les transferts budgétaires sont limités par la faible mobilisation des recettes non pétrolières, qui représentaient en moyenne 8,1 % du PIB en 2018, soit un niveau nettement inférieur aux moyennes de la CEMAC et du Sahel qui sont respectivement de 12,8 % et 15 % du PIB. Enfin, alors que la transparence et l'éthique de responsabilité s'améliorent, des efforts substantiels sont nécessaires pour répondre aux griefs des citoyens, qui sont exacerbés par le nombre limité de forums permettant au public de se faire entendre et d'accéder à l'information.

En matière de prestation de services, le Tchad se classe en dessous de la moyenne des pays comparables au niveau régional. Sa performance est inférieure à la moyenne du G5 Sahel, de l'Afrique subsaharienne, de la région Moyen-Orient et Afrique du Nord et des pays touchés par un conflit (par exemple, Afghanistan et Iraq) en ce qui concerne l'accès à l'électricité (11,8 %), l'accès à l'eau potable de base (38,7 %), l'alphabétisation (22,3 %) et l'espérance de vie (53,7 ans) (tableau 2.1). La mauvaise qualité des services fournis dans le pays a des répercussions particulières sur les jeunes, les femmes, les populations marginalisées et les ménages ruraux. Cette situation est accentuée par la grande taille du pays et la faible densité géographique de sa population, qui est de 12 personnes au kilomètre carré (contre une moyenne de 49 personnes/km² en Afrique subsaharienne), ce qui accroît le coût de l'expansion des services essentiels. Alors

TABLEAU 2.1 Principaux indicateurs de prestation de services

ANNÉE(S)		TCHAD	G5 SAHEL	SSA	MENA	AFGHANISTAN	IRAQ
2010–2018	Croissance moyenne du PIB par habitant (% annuel)	0,14	1,4	0,9	1,3	1,8	2,4
2018	Taux de pauvreté, seuil de pays à revenu intermédiaire de la tranche inférieure (3,2 USD/jour)	68,1	63,2	..	19,8	..	..
2017	Espérance de vie à la naissance, total (années)	53,7	59,8	61,3	74,1	64,5	70,4
2018	Population rurale (% de la population totale)	77,0	67,0	59,8	34,6	74,5	29,5
2018	Accès à l'électricité (% de la population)	11,8	27,8	47,7	96,5	97,7	99,9
2017	Proportion de la population utilisant l'Internet (%)	6,5	13,3	25,4	65,1	13,5	75,0
2017	Accès à l'eau potable de base (% de la population)	38,7	57,2	60,9	94,1	67,1	96,5
20122018	Taux d'alphabétisation, total des adultes (% des 15 ans et plus)	22,3	36,6	65,6	79,0	43,0	85,6
2016–2018	Taux de fécondité, total (nombre de naissances par femme)	5,7	5,7	4,7	2,8	4,6	3,7
2017 2018	Chômage des jeunes (% des 15-24 ans)	3,0	8,3	11,5	27,5	17,3	25,3
2018	Emploi dans le secteur agricole (% du total)	76,7	58,6	53,0	16,0	43,4	18,4
2017	Indice de développement humain des Nations Unies (IDH)	0,4	0,4	0,5	0,8	0,5	0,7
2018	Score pour l'efficacité de l'administration publique (WGI)	-1,5	-0,9	-0,8	-0,3	-1,5	-1,3

Sources : Indicateurs du développement dans le monde (https://data.worldbank.org/indicator) et World Bank, 2020b.
Note : .. = négligeable ; G5 Sahel = Burkina Faso, Mali, Mauritanie, Niger et Tchad ; MENA = région Moyen-Orient et Afrique du Nord ; SSA = Afrique subsaharienne ; WGI = Indicateurs de la gouvernance dans le monde.

que 68,85 % de la population urbaine a accès à l'eau potable de base, cette proportion tombe à 29,47 % dans les zones rurales[10]. La situation est similaire pour l'électricité, 41,84 % de la population urbaine étant approvisionnée, contre seulement 2,75 % de la population rurale[11].

L'efficacité des pouvoirs publics est limitée par les faiblesses de l'administration publique, la concentration des ressources et des décisions dans la capitale, le bas niveau des recettes et la vulnérabilité à des chocs tels que la COVID-19. Le cadre institutionnel du Tchad laisse à désirer (avec une moyenne de 2,6 à l'évaluation de la politique et des institutions nationales [CPIA] pour 2009-2019) et est très concentré : 55 % des fonctionnaires sont basés à N'Djaména et la quasi-totalité des dépenses est exécutée dans les services centraux des ministères (World Bank, 2021b). La décentralisation amorcée en 2012 est encore en grande partie au stade de la planification. Le transfert des ressources et des responsabilités reste limité, et l'intensification des transferts est entravée par l'insuffisance des capacités des collectivités locales et le défaut de compétence des institutions centrales de gestion des ressources pour formuler, planifier et exécuter les politiques publiques et pour gérer les crises. D'où le manque de cohérence entre l'élaboration et la mise en œuvre des politiques d'une part, et les besoins des citoyens en matière de prestation de services. L'absence de plans intégrés de riposte aux crises, conjuguée à l'inadéquation des cadres institutionnels et des procédures, restreint également l'efficacité de la réponse des pouvoirs publics face aux crises, érodant le contrat social et la confiance à l'égard de l'État.

Les résultats du Tchad pour certains indicateurs de transparence, de responsabilité et de corruption sont inférieurs à ceux des pays comparables dans la

TABLEAU 2.2 **Indices de transparence, Tchad et groupes sélectionnés**

INDICE	TCHAD	G5 SAHEL	CEMAC	SSA	MENA
Indice de perception de la corruption de *Transparency International*, 2019	20	29,8	22,7	32,3	38,5
Score au titre de l'indice du budget ouvert, 2019	14	22,5	15,6	31,0	21,8
Indicateurs CPIA de transparence, responsabilité, corruption (pays IDA), 2018	2,5	3,0	2,4	2,7	2,0

Sources : Transparency International et estimations des services de la Banque mondiale.
Note : CEMAC = Communauté économique et monétaire de l'Afrique centrale ; CPIA = Évaluation de la politique et des institutions nationales ; G5 Sahel = Burkina Faso, Mali, Mauritanie, Niger et Tchad ; IDA = Association internationale de développement (du Groupe de la Banque mondiale) ; MENA = région Moyen-Orient et Afrique du Nord ; SSA = Afrique subsaharienne.

région du Sahel et en Afrique subsaharienne. En 2019, le Tchad a obtenu un score de 20 à l'indice de perception de la corruption de *Transparency International*, se classant au 162ᵉ rang sur 180 pays — en dessous de tous les pays comparables dans le G5 Sahel et la CEMAC (tableau 2.2), hormis la République du Congo (19) et la Guinée équatoriale (16). Si son score au titre de l'Indice du budget ouvert s'est considérablement amélioré, passant de 0 en 2010 à 14 en 2019, il reste inférieur à la moyenne du G5 Sahel (22,5), de la CEMAC (15,6) et de l'Afrique subsaharienne (31). La performance du pays au titre des indicateurs CPIA de transparence, de responsabilité et de corruption était de 2,5 en moyenne en 2018, ce qui est comparable à celle de ses pairs dans la CEMAC, mais inférieure à la moyenne du G5 Sahel (3,0).

La détérioration de la situation sécuritaire au Tchad et dans le Sahel a entraîné une augmentation de la part des dépenses publiques allouées à la défense nationale[12]. Le Tchad joue un rôle important dans la lutte contre les groupes extrémistes dans la région. Toutefois, cela a réduit le niveau déjà limité des ressources publiques disponibles pour d'autres secteurs, y compris les secteurs sociaux favorables aux pauvres, tels que l'éducation et la santé (World Bank, 2019a). De plus, l'afflux de réfugiés en provenance de pays voisins a accru la pression sur des prestataires de services publics déjà sollicités à l'extrême (World Bank, 2019b).

OBSTACLES CROISSANTS NON RELEVÉS PAR LE SCD DE 2015

Fragilité de la situation politique et violence

Bien que le Tchad ait connu une relative stabilité après des décennies de conflits armés majeurs, il reste vulnérable à la violence et aux conflits localisés[13]. Depuis 2016, les conflits violents dans les pays voisins — comme la Libye au nord, la République centrafricaine au sud et le Nigéria au sud-ouest — représentent une menace sécuritaire importante pour le Tchad. Cette menace s'est concrétisée en avril 2021 par une rébellion qui a pris naissance à la frontière libyenne et a entraîné la mort du président Idriss Déby, qui avait été réélu pour un sixième mandat le 19 avril 2021. Cela a conduit à la transition politique en cours dirigée par l'armée.

Depuis 2015, les conflits localisés et les actes de violence ont considérablement augmenté en nombre et en diversité au Tchad (carte 2.1). Alors qu'ils étaient surtout concentrés dans la région du lac Tchad en 2015, ils touchaient

CARTE 2.1

Violences politiques au Tchad, par nature, 2013-2020

○ 1 ( ) 5 ( ) 10 ( ) 15

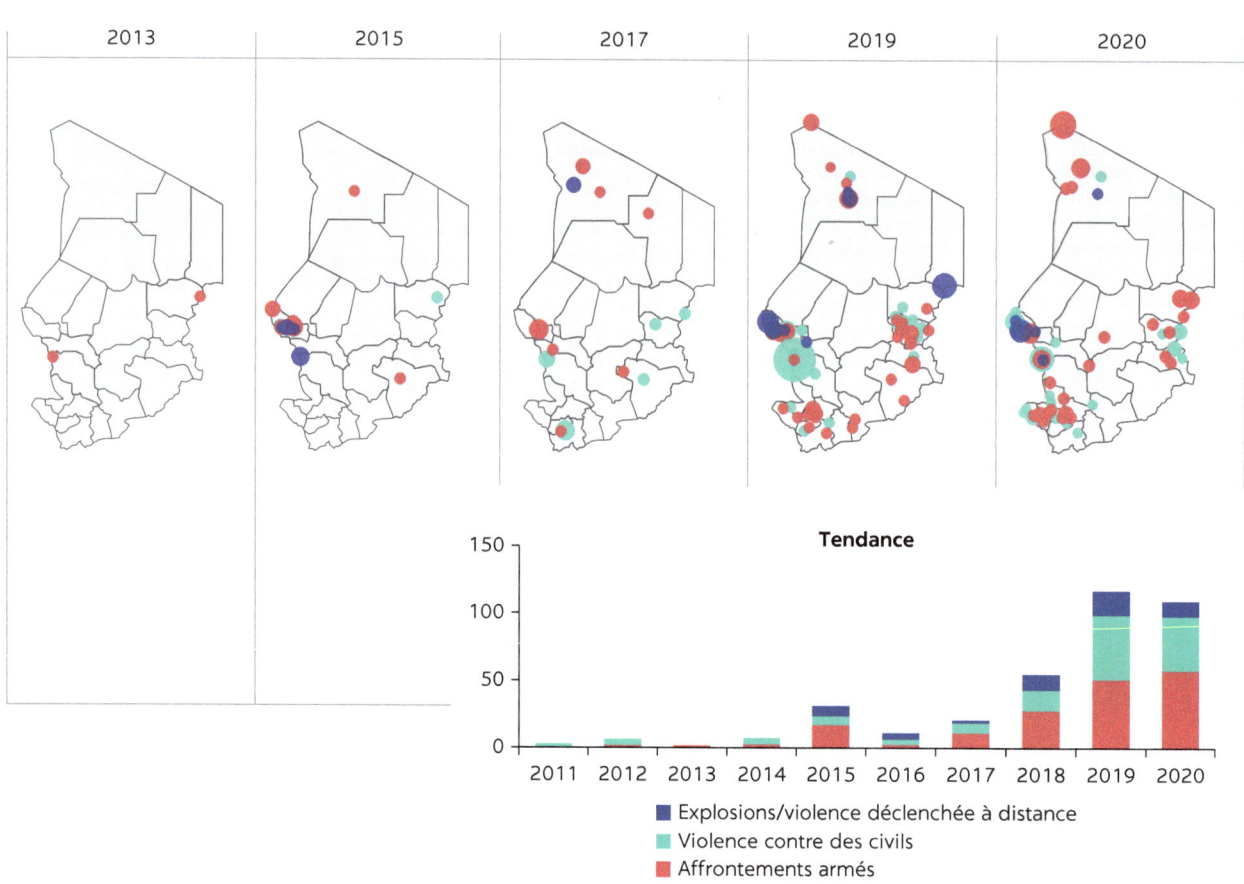

Source : Banque mondiale, adapté de la base de données du projet ACLED sur les emplacements et situations de conflits armés, Madison, WI (consultée le 17 juin 2020), https://acleddata.com/dashboard/#/dashboard.

presque toutes les régions du pays dès 2018. Avec l'avènement du groupe terroriste Boko Haram en 2015, près de deux tiers de toutes les violences politiques organisées et armées ont été enregistrées dans la région du lac Tchad, et près du tiers de toutes les violences au Tchad s'y sont produites en 2019. Cette tendance s'est poursuivie au premier trimestre 2020 par l'intensification des attaques et des violences de Boko Haram dans la zone du lac Tchad. En 2018, la violence a explosé dans la région du Tibesti, 40 % de l'ensemble des épisodes enregistrés au Tchad s'y déroulant cette année-là. La violence a diminué dans cette région depuis lors : elle représentait moins de 10 % de l'ensemble des violences observées dans le pays en 2019. Cependant, elle a fortement augmenté dans les provinces de Ouaddaï et de Sila en 2019, qui ont été le théâtre de près d'un quart de l'ensemble des violences au Tchad cette année-là, en raison de l'intensification des conflits intercommunautaires. Enfin, l'agitation politique a fortement augmenté dans la région de N'Djaména, entraînant une intensification des violences impliquant des civils et des forces de sécurité, qui ont représenté 13 % de tous les événements violents dans le pays en 2019. On a aussi observé une forte intensification des conflits armés, imputable en grande partie aux affrontements entre Boko Haram et les forces étatiques et entre ces dernières, des milices ethniques et d'autres groupes intercommunautaires, ainsi que des violences contre les civils et entre les forces étatiques et Boko Haram.

Boko Haram et les milices communautaires sont les principaux groupes responsables de la montée des violences. L'augmentation la plus spectaculaire a été celle des activités impliquant des milices communautaires, y compris des milices ethniques, des éleveurs, des agriculteurs et d'autres groupes. En outre, la multiplication des attaques de Boko Haram a donné lieu à la recrudescence d'agressions impliquant des groupes rebelles et les forces étatiques qu'ils combattent.

Les conflits régionaux et localisés ont détourné les ressources publiques du développement humain et des secteurs productifs, perturbé les chaînes de valeur et diminué la productivité. Les coûts budgétaires de l'insécurité ont véritablement évincé les dépenses d'investissement dans des secteurs propices à la croissance, tels que la santé et l'éducation. En 2019, le Tchad a alloué 14 % de ses dépenses publiques totales à l'armée, la part la plus élevée des pays du G5 Sahel[14], tandis qu'il en a consacré 6 % et 11 % à la santé et à l'éducation, respectivement. Le conflit de Boko Haram dans la région du lac Tchad a bouleversé les échanges commerciaux entre le Tchad et ses voisins, le Cameroun et le Nigéria, spécifiquement concernant le bétail, qui est une importante source d'exportations tchadiennes. Il a aussi perturbé l'activité agricole et halieutique dans cette région, qui compte l'un des bassins agricoles les plus productifs. D'autres conflits localisés continuent d'accroître les risques pour l'investissement et le développement des entreprises, les entrepreneurs manquant de certitudes sur le rendement de leur travail et de leurs investissements.

Baisse des recettes pétrolières et problèmes de gestion macroéconomique

La baisse et la volatilité des recettes pétrolières constituent un facteur déterminant de la dynamique de croissance du Tchad. Depuis le choc pétrolier de 2014-2015, les cours sont restés bas, ce qui a réduit la taille du secteur. Le pétrole ne représentait qu'environ 15 % du PIB en 2015–2020, contre 25 % en 2005-2014. Cependant, les recettes pétrolières constituaient encore environ 38 % des recettes publiques totales entre 2015 et 2020, ce qui souligne l'importance de la diversification de l'économie pour assurer la stabilité des finances publiques[15].

Le pays a engagé un douloureux programme d'assainissement des finances publiques en vue d'améliorer la viabilité de sa dette. À la suite du choc pétrolier de 2014-2015, la baisse des recettes pétrolières (figure 2.6) et des dépenses publiques a incité les pouvoirs publics à entreprendre un programme d'assainissement budgétaire. Ils ont réussi à maîtriser la masse salariale et intensifié les efforts de mobilisation des recettes non pétrolières. Résultat, le déficit budgétaire global a rétréci, passant de 5,8 % du PIB non pétrolier en 2015 à 0,8 % en 2019 (figure 2.7). Le gouvernement est également parvenu à restructurer sa dette auprès de Glencore, son principal créancier privé, ce qui a rétabli ses liquidités et la viabilité de sa dette en 2018. Si la dette publique totale a diminué, d'un pic de 54,8 % du PIB en 2016 à 44,3 % en 2019, le Tchad reste fortement exposé au risque de surendettement.

L'absence d'une stratégie claire pour gérer l'instabilité des prix du pétrole entrave la capacité du Tchad à tirer pleinement profit de ses ressources pétrolières (World Bank, 2018). Au début du projet d'oléoduc Tchad-Cameroun, le

FIGURE 2.6
Recettes publiques, 2010-2020

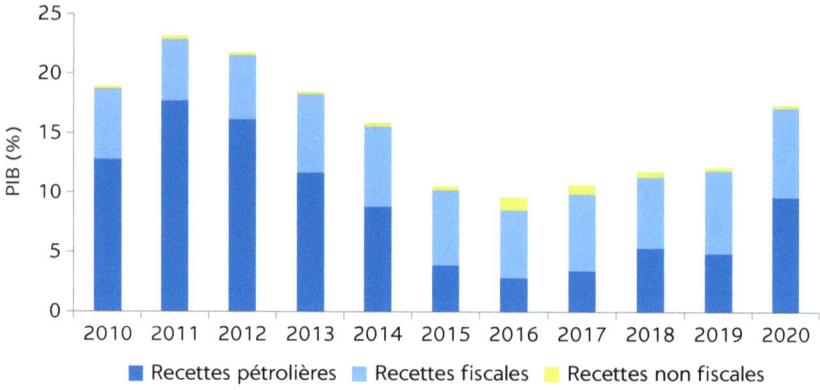

Sources : Banque des États de l'Afrique centrale (BEAC) et autorités tchadiennes.

FIGURE 2.7
Soldes budgétaire et courant, 2010-2020

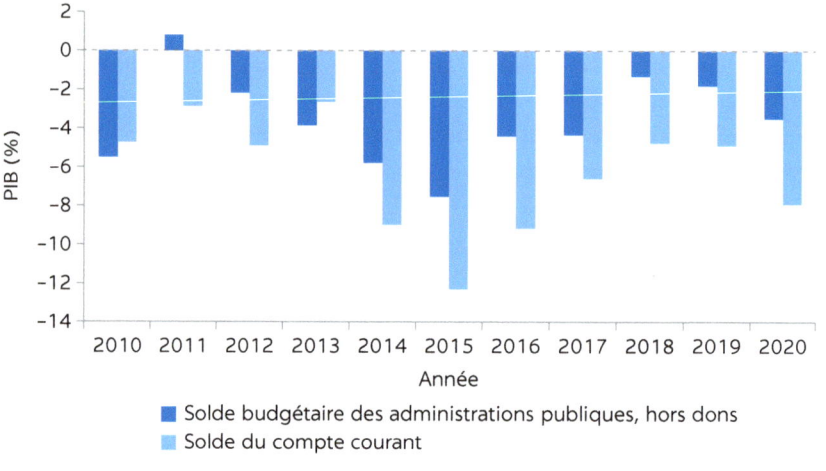

Sources : BEAC et autorités tchadiennes.

gouvernement avait mis en place un mécanisme de gestion des recettes pétrolières qui comprenait un compte de stabilisation. Toutefois, une nouvelle loi portant gestion des recettes a été promulguée sans aucun dispositif de stabilisation ou d'épargne. Elle a permis d'affecter les recettes pétrolières au renforcement des capacités de l'armée tchadienne et donné lieu à l'accaparement accru des ressources par les élites (World Bank, 2019b). Le choc pétrolier de 2014-2015 a contraint le gouvernement à procéder à un ajustement budgétaire drastique et, par la suite, à l'assainissement des finances publiques. En novembre 2019, avec l'appui de la Banque mondiale, les autorités nationales ont adopté un nouveau cadre de gestion des recettes pétrolières pour soutenir des politiques de dépenses contracycliques face aux fluctuations de la production et des prix pétroliers. Grâce à l'adoption du nouveau mécanisme de gestion des recettes pétrolières, le gouvernement a validé l'idée de mettre en réserve une partie des recettes pétrolières pour compenser de futurs manques à gagner imprévus (Campagne, Kitzmuller et Tordo, 2020).

La covid-19 et les chocs qu'elle a provoqués montrent une fois de plus qu'une dépendance excessive à l'égard des recettes pétrolières est nuisible pour la viabilité budgétaire et l'économie du Tchad. Un PIB inférieur aux prévisions en 2020, conjugué à la forte baisse des prix du pétrole et au ralentissement potentiel de l'économie dû à la pandémie, a entraîné l'augmentation du ratio dette publique/PIB au-delà des 41,2 % projetés pour 2020. En valeur nominale, les exportations totales ont diminué de 20,4 % en 2020 à cause de l'incidence de la COVID-19 sur la demande mondiale, du choc des prix du pétrole et de la fermeture des frontières. Résultat, le solde épargne/investissements s'est détérioré et le déficit du compte courant s'est creusé à 9,7 %.

En outre, le syndrome hollandais (qui consiste en la réaffectation de la main-d'œuvre des secteurs non pétroliers à faible productivité à des activités hautement productives) qui mine les pays riches en ressources naturelles constitue un obstacle au changement structurel. Pendant la décennie écoulée, le pétrole a représenté plus de 84 % des exportations totales du Tchad, et a atteint 92 % en 2018. La composition sectorielle de l'économie reste globalement inchangée, avec une faible part de l'industrie manufacturière — centrée sur les entreprises publiques — oscillant autour de 8 % du PIB et une baisse inhabituelle de la part du secteur des services. Plus de 80 % de la population tchadienne vit de l'agriculture et pratique de manière informelle une activité agricole de subsistance peu productive, le marché intérieur tchadien étant trop petit et peu compétitif pour favoriser la productivité agricole.

Les évaluations du compte courant et du taux de change effectif réel (REER) en 2019 indiquent une surévaluation et une position extérieure plus faible que ne l'impliquent les fondamentaux et les politiques souhaitables pour la zone CEMAC (IMF, 2019). Le REER s'est déprécié d'environ 6 % tout au long de 2019, en raison principalement de l'affaiblissement de l'euro par rapport au dollar. Le FMI avance l'idée d'une surévaluation de 11,4 %, le déficit courant de 2019 étant estimé à 2,5 % du PIB, contre un excédent normal de 0,3 % du PIB (en supposant une élasticité du compte courant par rapport au REER de -0,25). La position extérieure en fin 2019 a été jugée plus faible que prévu, malgré la contribution positive de l'ajustement du solde budgétaire, des dépenses de santé et des réserves.

Environnement et changement climatique

Le Tchad est le pays le plus vulnérable au changement climatique au monde, et le moins prêt à faire face aux effets de ce dernier, selon l'indice ND-GAIN[16]. Les effets du changement climatique sur les grands systèmes hydrographiques naturels, agro-sylvo-pastoraux, halieutiques et humains du bassin du lac Tchad sont considérables et ne cessent de s'accroître. Entre 2015 et 2021, le changement climatique a accentué la désertification, la dégradation des forêts, du potentiel productif des sols et des habitats naturels, la concurrence pour l'accès aux ressources, l'appauvrissement de la biodiversité et des nappes phréatiques, et l'ensablement des oasis[17]. Les effets observés comprennent le changement des saisons agricoles, la perturbation des cycles biologiques des cultures, la réduction de la production céréalière, l'extension du temps et de l'espace nécessaires à la transhumance, la dégradation des aires protégées et des zones humides, et la multiplication des feux de brousse. L'eau est le principal vecteur par lequel le changement climatique se manifeste dans un environnement comme celui du Tchad, avec des conséquences potentiellement vertigineuses si les points de basculement (en particulier dans les écosystèmes tributaires des eaux souterraines autour du lac Tchad) sont atteints.

L'économie tchadienne étant tributaire des ressources naturelles, le changement climatique pose un défi particulièrement grave au Tchad[18]. L'environnement n'est ni un secteur d'activité économique, comme l'agriculture ou l'industrie, ni une forme d'infrastructure, comme les réseaux d'égouts urbains ou les routes. Plutôt, c'est un facteur entrant dans la quasi-totalité des activités productives du pays. La plupart des systèmes de production ont un impact sur l'environnement, ce qui menace leur propre viabilité. Les conséquences de catastrophes d'origine climatique, telles que les sécheresses ou les inondations, sont amplifiées au Tchad par le manque de ressources pour les gérer ou les prévenir.

Le braconnage est un autre exemple de gestion non durable des ressources naturelles. Par exemple, la population d'éléphants du Tchad a chuté, passant d'un nombre estimé à 300 000 animaux dans les années 1930 à 450 en 2010, avant qu'elle ne recommence à augmenter pour la première fois depuis des décennies (Antonínová, Malachie et Banymary, 2014).

Les prévisions climatiques pour le Tchad laissent entrevoir une instabilité accrue des précipitations et un accroissement des phénomènes météorologiques extrêmes dans les années à venir, ce qui, conjugué à la dynamique d'urbanisation, pourrait provoquer des inondations urbaines plus fréquentes et plus importantes. Dans la zone sahélienne, on constate une variabilité saisonnière, interannuelle et interdécennale des précipitations annuelles et des phénomènes météorologiques extrêmes, qui génère d'importantes crues éclair et des débordements fluviaux, lesquels ont de lourdes conséquences sur les zones urbaines. Le changement climatique accentue les sécheresses qui deviennent plus fréquentes, plus intenses et plus longues, ainsi que les précipitations et les inondations qui deviennent extrêmes. N'Djaména a une tradition particulière d'inondations dévastatrices en raison de sa faible déclivité, de l'instabilité interannuelle des débits de pointe des fleuves Chari et Logone et de l'évolution de l'urbanisation.

La pollution urbaine est une autre composante de plus en plus importante des défis environnementaux auxquels le Tchad est confronté. L'accumulation des déchets, la faiblesse des taux de collecte et l'absence de décharges sanitaires, de matériel de tri et d'usines de recyclage aggravent la pollution. La situation est alarmante dans les zones urbaines, où se concentrent les plus gros volumes de déchets. Par exemple, la ville de N'Djaména produit environ 600 tonnes de déchets solides par jour, dont moins de 20 % sont collectés et transférés dans des décharges. Dans certains quartiers de la ville, à peine 5 % des déchets solides sont collectés, le reste étant déversé sur les routes, les marchés et d'autres sites publics (Bantin et Jun, 2018 ; Warri, 2012).

NOTES

1. Cet obstacle a été abordé sous la rubrique de l'« accès au capital physique et humain » dans le SCD de 2015, mais est exacerbé par le manque de financements depuis 2015.
2. L'eau salubre ou l'eau potable améliorée désigne une « ressource en eau de base », telle que définie dans les ODD comme étant de l'eau potable provenant d'une source d'eau améliorée située sur place (eau courante) ou d'une source (par exemple, puits tubulaires, forages, puits creusés protégés, sources protégées et dispositif de récupération des eaux de pluie) qui peut être atteinte en 30 minutes maximum de trajet aller et retour.

3. Cet obstacle a été abordé sous la rubrique du « rendement social des activités économiques dans le secteur rural ».

4. La propriété foncière fait principalement référence à l'usage, ce qui signifie que même lorsqu'ils n'ont pas la documentation requise, ils sont en mesure d'utiliser la terre comme un actif productif.

5. Cet obstacle a été abordé sous la rubrique de l'« accès au capital physique et humain » dans le SCD de 2015, mais est exacerbé par le manque de financements depuis 2015 et par la crise provoquée par la COVID-19.

6. Outre la faiblesse des dépenses, on note des retards dans la préparation du budget, et les procédures de passation des marchés publics restent lourdes.

7. Cet obstacle a été abordé sous la rubrique de l'« accès au capital physique et humain » dans le SCD de 2015.

8. Le taux de participation au marché du travail est défini comme la proportion de la population en âge de travailler (15 à 64 ans) qui travaille effectivement ou cherche activement du travail. Cette définition ne prend pas en compte le travail non rémunéré ni le travail domestique en raison de l'indisponibilité de données y relatives.

9. Cet obstacle a été abordé sous les rubriques de l'« appropriation individuelle du rendement de l'investissement et de l'entrepreneuriat » et de « la motivation et la capacité des autorités à s'attaquer aux obstacles qui entravent la réduction de la pauvreté » dans le SCD de 2015.

10. Indicateurs du développement dans le monde (WDI) : indicateur du nombre de personnes utilisant au moins les services d'approvisionnement en eau potable de base (pourcentage de la population).

11. WDI : Indicateur d'accès à l'électricité (pourcentage de la population).

12. WDI : Indicateur des dépenses militaires (pourcentage des dépenses des administrations publiques).

13. Dans cette section, la fragilité fait référence à la sécurité et à la politique.

14. Pendant la dernière guerre civile de 2005 à 2009, les dépenses militaires ont augmenté d'environ 26 points de pourcentage, tandis que les dépenses de santé et d'éducation ont diminué de 8,4 et 5,2 points de pourcentage, respectivement.

15. Le pays a pu s'adapter grâce aux réformes et au soutien de bailleurs de fonds.

16. Indice national de l'Initiative mondiale d'adaptation de l'université Notre Dame (ND-GAIN), https://gain.nd.edu/our-work/country-index/.

17. La dégradation des ressources naturelles au Tchad peut être imputée à la croissance démographique, au changement climatique, aux conflits armés récurrents et aux normes sociales et culturelles. Tous ces facteurs entraînent des changements dans l'agriculture, la foresterie, la production animale et la pêche.

18. Près de 80 % de la population pratique l'agriculture et l'élevage.

RÉFÉRENCES BIBLIOGRAPHIQUES

Antonínová, M., D. N. Malachie, and D. Banymary. 2014. "National Elephant Conservation and Management Strategy for Chad (NECMSC) 2015–2019." Working document, Chad.

Bantin, A. B., and X. Jun. 2018. "Environmental Impact of Household Garbage on Population and Groundwater: Case of the City of N'Djamena, Chad." *Research & Reviews: Journal of Ecology and Environmental Sciences*, e-ISSN: 2347-7830.

Campagne, Benoît, Markus Kitzmuller, and Silvana Tordo. 2020. "Designing Oil Revenue Management Mechanisms: An Application to Chad." Policy Research Working Paper 9402, World Bank, Washington, DC. https://openknowledge.worldbank.org/handle/10986/34500.

Chad INSEED (Tchad, Institut national de la statistique, des études économiques et démographiques). 2018. *Tchad, Quatrieme enquête sur la consommation et le secteur informel au Tchad-ECOSIT 4.*

Chad Santé (ministère de la Santé publique). 2018. « Plan national de développement sanitaire (PNDS3 : 2017–2021). » January. République du Tchad, ministère de la Santé publique, N'Djaména.

IMF (International Monetary Fund). 2019. « Central African Economic and Monetary Community—Common Policies in Support of Member Countries Reform Programs. » IMF Country Report 19/383, World Bank Group, Washington, DC. https://www.imf.org/en

/Publications/CR/Issues/2019/12/20/Central-African-Economic-and-Monetary
-Community-CEMAC-Staff-Report-on-the-Common-Policies-in-48903.

UNESCO (United Nations Educational, Scientific, and Cultural Organization). 2016. « Rapport d'état du système éducatif national du Tchad : Éléments d'analyse pour une refondation de l'école, République du Tchad. » UNESCO, UNICEF, IIPE Pôle de Dakar. https://unesdoc .unesco.org/ark:/48223/pf0000247447.

Warri, S. 2012. "Problématique de la gestion des déchets ménagers urbains de la ville de N'Djaména : Cas du 8ᵉ arrondissement." Thèse de master, Institut international d'ingénierie de l'eau et de l'environnement.

World Bank. 2018. "Escaping Chad's Growth Labyrinth: Disentangling Constraints from Opportunities and Finding a Path to Sustainable Growth." World Bank. https://elibrary .worldbank.org/doi/pdf/10.1596/30941.

World Bank. 2019a. « Chad Public Expenditure Analysis: Fiscal Space for Productive Social Sectors Expenditure. » World Bank, Washington, DC. https://openknowledge.worldbank .org/handle/10986/34616.

World Bank. 2019b. *Rapport Évaluation des risques et de la résilience dans la région du Sahel.* Unpublished paper.

World Bank. 2020a. « Chad: Human Capital Index 2020. » https://databank.worldbank.org/data /download/hci/HCI_2pager_TCD.pdf.

World Bank. 2020b. « Macro Poverty Outlook : Country-by-Country Analysis and Projections for the Developing World. » World Bank, Washington, DC. https://thedocs.worldbank.org /en/doc/77351105a334213c64122e44c2efe523-0500072021/related/mpo-sm20.pdf.

World Bank. 2021a. « Chad: The Economic Benefits of a Post-COVID-19 Gender-Equitable Society. » World Bank, Washington, DC. https://openknowledge.worldbank.org/handle /10986/36444.

World Bank, 2021b. « Chad Risk and Resilience Assessment ». Unpublished paper.

3 Préalables essentiels pour tirer parti des possibilités

CONTEXTE GÉNÉRAL

Le Tchad ne pourra pas exploiter pleinement les options proposées à moins de s'attaquer plus efficacement aux causes sous-jacentes de l'exacerbation de la fragilité, des conflits et de la violence dans le pays. Rendre les institutions plus responsables et plus inclusives demeure une priorité d'action fondamentale, qui peut être traduite dans les faits à la fois a) en réduisant l'exclusion et les déséquilibres régionaux par l'investissement dans des services plus nombreux et de meilleure qualité dans les zones périphériques et mal desservies qui sont les plus touchées ou menacées par les conflits, et b) en améliorant la gouvernance et l'éthique de responsabilité afin de renforcer le contrat social et la confiance du public. La lutte contre le changement climatique et l'appui à l'inclusion économique passent nécessairement par la promotion d'une économie verte et l'amélioration de la gestion des ressources naturelles. Pour progresser efficacement sur les voies proposées, il faut également assurer une bonne gestion macrobudgétaire et un environnement favorable aux entreprises, notamment une bonne gestion des recettes pétrolières, la mobilisation de recettes non pétrolières, la gestion durable des finances publiques et l'intégration régionale.

SURMONTER LES OBSTACLES

Le présent diagnostic-pays systématique recense trois préalables transversaux et trois voies à suivre pour s'attaquer aux obstacles qui entravent la réduction de la pauvreté et qui sont décrits au chapitre 2. Plusieurs critères sont utilisés pour déterminer ces préalables et moyens d'action éminemment critiques. Les trois premiers critères sont liés à l'impact sur les objectifs : améliorer les moyens de subsistance, créer des emplois et renforcer le contrat social. Pour stimuler l'investissement privé et la création d'emplois, les trois conditions suivantes doivent être remplies au préalable : a) renforcer le contrat social par le biais d'institutions responsables et inclusives, b) améliorer la gestion des ressources naturelles et s'adapter au changement climatique, et c) assurer une bonne gestion macrobudgétaire et un environnement favorable aux entreprises – ce sont-là des solutions transversales pour remédier à certains des obstacles recensés. Pour accroître la productivité des travailleurs et améliorer l'accès à de meilleures possibilités de revenus, les trois voies suivantes sont mises en avant : a) soutenir l'amélioration du capital humain en vue d'améliorer la productivité des travailleurs, b) améliorer l'infrastructure pour accroître la productivité, et c) promouvoir des secteurs présentant un avantage stratégique pour des emplois plus nombreux et de meilleure qualité. Les deux autres critères sont la faisabilité politique et économique (qui consiste à évaluer l'économie politique du Tchad, les problèmes de gouvernance et les défis institutionnels qui influeraient sur la capacité à s'attaquer à l'obstacle identifié) et l'horizon temporel de l'impact (qui consiste à évaluer la période à laquelle l'impact peut se produire à court et à long terme)[1].

RENFORCER LE CONTRAT SOCIAL PAR LE BIAIS D'INSTITUTIONS RESPONSABLES ET INCLUSIVES

L'apparition de conflits violents dans le Sahel a été associée à l'accroissement de l'exclusion sociale, des inégalités et de la marginalisation. Par le passé, les pays de la région et leurs partenaires de développement ont sous-investi dans de nombreuses localités situées dans les zones frontalières et périphériques, à cause de ressources limitées et de l'accent mis sur le secteur agricole dans des régions plus densément peuplées (World Bank, 2019a). L'évolution de la situation au Sahel appelle à redoubler d'efforts pour assurer la cohérence entre les politiques de sécurité et de développement. Mais également, les efforts de réforme structurelle des pays doivent se concentrer sur les zones historiquement mal desservies en dehors des capitales. Au Tchad, le déploiement des forces gouvernementales doit s'accompagner d'initiatives de plus grande envergure visant à améliorer les relations entre l'État et les citoyens, car des politiques publiques qui ne ciblent que certaines régions ou certains secteurs sapent la légitimité de l'État (World Bank, 2018b). Alors que le gouvernement prend une série de mesures pour assurer une transition politique inclusive, garantir la sécurité de la population et élargir l'accès aux services dans les zones à risque et en conflit, notamment les services de justice, dans le cadre du plan d'action du Tchad au titre de l'Allocation pour la prévention et la résilience, il reste encore beaucoup à faire pour remédier aux déséquilibres régionaux et renforcer le contrat social.

Réduire l'exclusion et les déséquilibres régionaux qui alimentent les ressentiments et les griefs croissants

Pour réduire l'exclusion et les déséquilibres régionaux, les autorités gagneraient à envisager les actions suivantes :

- *Promouvoir l'inclusion et la transparence dans la gestion des affaires publiques.* Pour parvenir à un modèle de développement plus inclusif et à une paix durable, les autorités nationales doivent donner la priorité à la création d'institutions inclusives, transparentes et responsables. La combinaison d'une gouvernance extrêmement centralisée, d'une administration publique inefficace et du manque de responsabilité favorise les paiements informels et l'exclusion sociale. Cette situation a été reconnue par le Gouvernement tchadien dans le Plan national de développement 2017-2021 et pendant la préparation de la Note sur l'admissibilité à l'allocation pour la prévention et la résilience.

Le gouvernement devrait donc faire de la lutte contre la corruption et l'impunité une priorité ; soutenir et renforcer la société civile ; améliorer l'administration publique en mettant en place un processus budgétaire transparent et efficace ; accroître la transparence des entreprises publiques, en particulier dans le secteur pétrolier ; et faire avancer le processus de décentralisation afin de renforcer la gouvernance locale.

- *Renforcer l'inclusion et la gouvernance locale et investir dans le capital humain sur toute l'étendue du territoire.* L'essentiel des dépenses publiques et de la prestation de services intervient à N'Djaména, au détriment des régions périphériques, ce qui peut alimenter l'exclusion sociale au niveau territorial. De même, les femmes et les jeunes sont marginalisés sur les plans social, économique et politique. Pour réduire l'exclusion sociale et les déséquilibres régionaux qui font le lit des conflits au Tchad, le gouvernement gagnerait à s'attacher à renforcer la gouvernance et la prestation de services à l'échelon local et à accélérer le développement du capital humain dans les zones en conflit, à risque et périphériques. L'application d'une approche spatiale à l'analyse de l'exclusion et des déséquilibres régionaux, à la conception des politiques et à l'élaboration des stratégies de développement territorial en mettant l'accent sur les localités pauvres et touchées par la fragilité, les conflits et la violence pourrait permettre de remédier au sous-investissement structurel dans certaines régions et certaines couches de la population. Le gouvernement devrait également donner aux autorités locales les moyens de gérer les zones socioéconomiques critiques afin de réduire les inégalités spatiales.

- *Renforcer la sécurité, l'état de droit, la justice et les mécanismes de règlement des différends.* Les populations des zones en conflit souffrent de l'insécurité et du manque de voies de recours, tandis que les mécanismes existants de règlement des conflits ne sont pas en mesure d'assurer la médiation des conflits autour des ressources naturelles dans diverses régions du pays. Le secteur de la sécurité pâtit de sa politisation, et les forces de sécurité sont parfois aussi une source de tensions avec le public. Le manque d'indépendance de l'appareil judiciaire vis-à-vis du pouvoir exécutif et les ressources financières limitées qui lui sont allouées l'empêchent de rendre la justice de façon efficace et d'atténuer les conflits. En conséquence, la justice traditionnelle reste au fil des ans une solution de remplacement aux services judiciaires formels. La justice traditionnelle a toutefois ses limites, notamment l'exclusion des femmes et des jeunes en raison de la discrimination pour des raisons culturelles et l'incapacité croissante à résoudre les conflits intercommunautaires, en particulier entre agriculteurs et éleveurs. C'est la raison pour laquelle le rétablissement de la sécurité et de l'état de droit au niveau infranational par le renforcement des capacités techniques et organisationnelles de la police, de la gendarmerie et de la Garde nationale et nomade du Tchad est une priorité. D'autres priorités comprennent : a) la mise en place d'un système judiciaire fonctionnel et harmonisé en renforçant les capacités du personnel judiciaire ; b) l'augmentation du nombre de tribunaux, en particulier dans les zones défavorisées et touchées par la fragilité, le conflit et la violence ; c) l'accroissement du nombre de cliniques juridiques et la sensibilisation du public à ses droits légaux ; et d) la fourniture d'un appui et de financements suffisants aux mécanismes traditionnels de règlement des conflits qui peuvent compléter le système judiciaire officiel.

- *Renforcer la gouvernance des ressources naturelles et favoriser la réconciliation entre communautés.* Les conflits inter et intracommunautaires pour l'accès aux ressources, en particulier à l'eau et à la terre, se multiplient et se produisent dans la quasi-totalité des régions du pays. Ils sont exacerbés par les variations climatiques et amplifiés par la mauvaise gouvernance foncière, la législation pastorale dépassée et l'inefficacité croissante des mécanismes traditionnels de règlement des conflits. De ce fait, la gouvernance des ressources naturelles devrait être renforcée en améliorant la gouvernance foncière (y compris la délivrance de titres de propriété et d'occupation foncières) et la réglementation relative à la transhumance (notamment la révision des lois pastorales et la délimitation des couloirs de transhumance). En outre, des mesures doivent être prises pour soutenir les populations pastorales marginalisées, notamment par la fourniture de services mobiles de santé et d'éducation adaptés aux besoins de ces groupes. Les points d'eau situés autour des corridors de transhumance doivent être pris en compte et gérés correctement d'une manière concertée et négociée entre les éleveurs et les communautés d'accueil.

Améliorer la prestation de services en vue de renforcer le contrat social et la confiance du public

Pour améliorer la prestation de services, les autorités gagneraient à envisager les actions suivantes :

- *Renforcer les institutions de base et allouer des ressources suffisantes aux collectivités locales pour la prestation de services.* L'offre de services est limitée au Tchad, en particulier pour les jeunes, les femmes, les groupes marginalisés et les ruraux. Cette situation est exacerbée par la grande taille du pays et la faible densité de sa population, qui est de 12 personnes au kilomètre carré (contre une moyenne de 49 personnes/km² en Afrique subsaharienne), ce qui accroît le coût de l'expansion de services essentiels tels que la santé, l'éducation, l'eau et l'assainissement. Le transfert des ressources et des responsabilités de l'administration centrale aux collectivités locales laisse toujours à désirer. En outre, l'accroissement des transferts est entravé par l'insuffisance des capacités locales et l'inadéquation des systèmes centraux de gestion des finances publiques et des ressources humaines, ainsi que par le manque d'institutions pour formuler, planifier et exécuter les politiques publiques et gérer des crises telles que la pandémie de COVID-19.
- *Élargir le renforcement des capacités aux provinces, départements et municipalités afin de favoriser le transfert des compétences de GFP des administrations centrales aux collectivités locales.* En raison de leur proximité avec les citoyens, les collectivités locales sont mieux à même de fournir des services de haute qualité à leurs administrés. Toutefois, elles doivent disposer des ressources financières et humaines ainsi que des capacités et des compétences techniques nécessaires pour fournir ces services. Dans le Plan national de développement 2017-2021, les autorités tchadiennes reconnaissent que l'insuffisance des ressources et des compétences limite la capacité des municipalités à fournir des services. D'où l'importance de renforcer leur capacité à déterminer les besoins des citoyens et les priorités en matière de dépenses, à mettre en œuvre les programmes et à rendre compte de l'utilisation des fonds et des progrès accomplis dans l'amélioration de la prestation de services.
- *Mettre en œuvre des stratégies nationales et sectorielles de gestion des ressources humaines qui encouragent le déploiement de personnel technique*

compétent dans les collectivités locales tout en permettant à ces dernières de recruter et de former du personnel local ayant une vaste expérience de terrain. Pour ce faire, il faudra revoir les programmes d'incitations financières et non financières en place ainsi que les possibilités d'avancement de carrière pour s'assurer qu'ils favorisent le déploiement des fonctionnaires dans des zones géographiques difficiles où les compétences techniques sont rares. La surveillance citoyenne, combinée à la supervision de l'administration publique, devrait être assurée de sorte que seul le personnel admissible déployé reçoive effectivement des primes de déploiement. En outre, le recrutement de personnel local et une formation approfondie contribueront à créer des emplois de qualité dans les communautés locales tout en fournissant des services adaptés aux besoins locaux.

- *Renforcer les systèmes centraux de transfert des ressources financières de l'administration centrale aux collectivités locales.* Premièrement, le cadre juridique qui définit les fonctions de service et les responsabilités à chaque échelon de l'administration publique doit être mis à jour pour assurer une cohérence et une exhaustivité. Deuxièmement, des plans budgétaires pluriannuels devraient être mis en œuvre aux niveaux central et local pour assurer la prévisibilité des transferts aux administrations infranationales. Troisièmement, la rationalisation de la chaîne des dépenses et la mise en place d'un système informatique efficace amélioreront la rapidité des transferts et les taux d'exécution du budget des collectivités locales. Enfin, le renforcement des capacités des institutions de contrôle interne et externe (institutions supérieures de contrôle des finances, inspection générale des finances, etc.) améliorera l'éthique de responsabilité et la transparence aux niveaux national et infranational.

- *Promouvoir une société civile forte et efficace pour renforcer la gouvernance et l'éthique de responsabilité.* Outre la planification, la budgétisation et le suivi participatifs, la capacité des citoyens à élire leurs représentants locaux est essentielle pour améliorer leur participation à la vie publique et obtenir des pouvoirs publics qu'ils soient plus comptables des services qu'ils offrent. Le gouvernement devrait s'engager à organiser des élections locales transparentes en temps voulu, encourager le pluralisme de la société civile tchadienne et travailler avec les organisations de la société civile pour mettre en place des plateformes de communication efficaces entre les citoyens et les autorités gouvernementales. Conformément à la Constitution tchadienne, les représentants locaux doivent être élus au suffrage universel tous les six ans. Cependant, les dernières élections locales ont eu lieu en janvier 2012.

S'ADAPTER AU CHANGEMENT CLIMATIQUE ET AMÉLIORER LA GESTION DES RESSOURCES NATURELLES

Lutter contre le changement climatique en promouvant une économie verte

Une stratégie efficace d'écologisation de l'économie passe par la prise en compte de l'intégralité des coûts environnementaux et sociaux des intrants énergétiques et matériels afin de décourager des modes de production et de consommation non durables. Dans l'ensemble, une telle stratégie est diamétralement opposée à celle où les entreprises se font concurrence sur les prix et non sur la qualité ;

externalisent les coûts sociaux et environnementaux ; et recherchent les intrants les moins chers en matériaux et en main-d'œuvre. Le capital naturel doit être inclus dans le bilan d'un pays.

Pour promouvoir une économie verte, les autorités devraient envisager les actions suivantes :

- *Concevoir et mettre en œuvre des politiques essentielles à la création d'emplois verts.* Premièrement, le gouvernement gagnerait à promouvoir son capital naturel à travers la gestion des paysages et des bassins hydrographiques, la restauration des écosystèmes et la gestion durable des forêts, ainsi que par des systèmes agricoles et alimentaires régénératifs qui peuvent créer rapidement des emplois. Ces activités ont des répercussions positives à long terme grâce à la réduction des pénuries d'eau ou des dégâts causés par les inondations, à la diminution des émissions de carbone et à l'amélioration de la productivité agricole et de la sécurité alimentaire. Elles peuvent également protéger la biodiversité et préserver ou favoriser les services écosystémiques susceptibles de réduire les besoins d'investissement. Deuxièmement, il doit adopter des politiques innovantes pour surmonter les obstacles et créer des incitations à la mise en valeur des énergies renouvelables, notamment en adoptant des lois sur le rachat de l'électricité de sources renouvelables qui prévoient l'accès au réseau électrique à des prix garantis. Troisièmement, le pays gagnerait adopter un *label* écologique pour tous les produits de consommation afin de s'assurer que les consommateurs ont accès aux informations nécessaires pour prendre des décisions d'achat responsables, ce qui encouragerait les fabricants à concevoir et commercialiser des produits plus respectueux de l'environnement. Enfin, les autorités doivent veiller à ce que des outils réglementaires soient utilisés pour mettre au point des technologies, des produits et des services plus verts, et donc écologiser l'emploi. Parmi ces outils, on peut citer les politiques relatives à l'occupation des sols, les codes de la construction, les normes de rendement énergétique (pour les appareils électriques, les véhicules, etc.) et les objectifs de production d'énergie renouvelable.
- *Réviser la politique budgétaire de manière à promouvoir l'énergie verte.* Il s'agit notamment a) d'accroître et de multiplier les écotaxes, car les recettes qu'elles génèrent peuvent être utilisées pour alléger la charge fiscale sur la main-d'œuvre tout en décourageant les activités économiques polluantes et à forte intensité de carbone ; b) de réduire l'appui aux combustibles fossiles et d'accroître les financements en faveur des énergies renouvelables et des technologies à haut rendement ; et c) d'éliminer progressivement les subventions aux industries nuisibles à l'environnement (comme l'approvisionnement en électricité, les abattoirs, etc.) et de réorienter une partie ou la totalité des fonds ainsi économisés vers les énergies renouvelables, les technologies à haut rendement, les méthodes de production propres et les transports en commun.
- *Renforcer les politiques et la réglementation portant sur des secteurs d'infrastructure prioritaires tels que l'énergie, l'eau, l'assainissement (y compris la gestion des déchets) et le transport, afin de promouvoir l'utilisation de technologies vertes et de méthodes de conception respectueuses du climat ainsi que le développement d'entreprises vertes.* Les infrastructures à base d'énergie propre exigent beaucoup de main-d'œuvre aux premiers stades des projets, ce qu'il est important de prendre en compte lorsqu'on envisage de diversifier l'activité économique au-delà de la production pétrolière. Les autorités peuvent

promouvoir la création d'emplois à travers des solutions fondées sur la nature et la gestion des ressources naturelles, par exemple en investissant dans les forêts, les bassins hydrographiques et la restauration des terres. En effet, les solutions fondées sur la nature et les systèmes hybrides qui combinent l'infrastructure et les services écosystémiques ont besoin de beaucoup de main-d'œuvre, ont un faible coût global et génèrent des avantages tels que l'augmentation de la productivité agricole et la réduction des pertes en cas de sécheresse et d'inondation. En outre, le gouvernement doit adopter des politiques à l'effet d'ouvrir les marchés et d'attirer les investisseurs privés.

• *Adopter des réformes à court terme pour réduire l'empreinte environnementale du secteur pétrolier et gazier, notamment des règles sur le torchage des gaz et les émissions de méthane, la gestion des déchets et la gestion de l'eau produite.* Cependant, le Tchad gagnerait également à étudier une stratégie pour sortir des combustibles fossiles afin d'éviter de se retrouver avec des actifs irrécupérables. On peut tirer parti du secteur pétrolier et gazier en : a) exploitant des techniques avancées de gestion des données (par exemple, en identifiant un nouveau secteur d'activité qui permet d'intégrer les variables de développement durable dans le secteur pétrolier et gazier) ; b) réaffectant l'eau utilisée dans le processus de production pétrolière ; et c) utilisant les infrastructures pétrolières existantes pour d'autres industries stratégiques (World Bank, 2020). Le gouvernement gagnerait à travailler avec les compagnies pétrolières et les producteurs ou distributeurs d'eau ainsi qu'avec les populations locales pour trouver des moyens de réaffecter l'eau produite (qui est dérivée de la production pétrolière et gazière) à l'irrigation en vue d'accroître la productivité agricole. La mobilisation d'investissements dans le secteur pétrolier suivant le modèle de l'utilisation partagée pourrait contribuer à réduire le déficit de financements pour les infrastructures publiques. De plus, le Tchad pourrait exploiter le gaz naturel et les énergies renouvelables pour promouvoir la production d'électricité à faible intensité de carbone, dans le cadre de son objectif stratégique d'accroître l'accès à l'électricité et de promouvoir une croissance climato-intelligente.

Assurer une gestion efficace des ressources naturelles

Le dividende pétrolier considérable n'a pas été exploité à bon escient pour assurer une croissance structurelle à long terme (World Bank, 2018a). Le Tchad semble avoir manqué une excellente occasion de relever et maintenir son PIB par habitant et de traduire les recettes pétrolières en une croissance du PIB toujours plus rapide grâce à l'investissement dans le capital humain et les infrastructures. Le pétrole a rendu l'économie nationale moins compétitive et plus vulnérable aux chocs exogènes. Il convient de souligner que la diversification des exportations était déjà faible avant la découverte du pétrole, mais elle a régressé davantage après 2003, exposant l'économie tchadienne aux cycles et chocs internationaux des cours pétroliers. Parallèlement, les flux importants de capitaux entrants attirés par la production et les exportations de pétrole peuvent avoir bridé la compétitivité extérieure dans d'autres secteurs à cause de la dynamique du syndrome hollandais, entraînant la réaffectation de la part de certains secteurs dans le PIB à des services non négociables et relativement peu productifs (qui nécessitent une main-d'œuvre peu qualifiée). Étant donné que la politique monétaire et la politique de change du Tchad sont gérées par la Banque régionale des États de l'Afrique centrale, les autorités monétaires régionales devraient soutenir la transformation économique par une politique monétaire qui évite la surévaluation du taux de change et favorise le crédit au secteur privé et la compétitivité de ce dernier.

Pour améliorer la gestion des recettes tirées du pétrole et des ressources naturelles, les autorités devraient envisager les actions suivantes :

- *Créer un cadre budgétaire propice à une gestion rationnelle des recettes pétrolières.* La gestion des recettes pétrolières est complexe et présente de nombreux défis liés au caractère non renouvelable des ressources extractives et aux fluctuations des prix du pétrole. Pour assurer une gestion efficace des recettes tirées des ressources naturelles, le gouvernement devrait mettre en place un cadre budgétaire comprenant : a) des indicateurs de suivi budgétaire, b) des règles budgétaires qui garantissent une gestion rationnelle de recettes volatiles basée sur les prix du pétrole à court terme, c) des critères de viabilité budgétaire, et d) des règles d'accumulation et de gestion des réserves monétaires.

- *Une bonne gestion des recettes pétrolières peut lisser les cycles économiques et créer des mécanismes pour amortir les chocs sur les prix des produits de base.* Pendant les périodes de reprise économique, le gouvernement devrait maintenir les soldes budgétaires dans un fonds de stabilisation pour garantir la disponibilité de ressources financières suffisantes en cas de choc négatif sur les cours du pétrole. Il pourrait également concevoir et mettre en œuvre un dispositif de constitution de réserves faisant office de fonds de stabilisation afin d'éviter un brusque ajustement des dépenses publiques. Enfin, il pourrait établir des règles claires pour les tirages à partir du fonds de stabilisation et éliminer complètement les paiements et retraits ad hoc. Pour réduire l'instabilité des recettes, en novembre 2019, le gouvernement a mis en place un mécanisme de gestion des recettes pétrolières, avec l'appui de la Banque mondiale, pour aider à atténuer les effets de baisses inattendues de recettes (World Bank, 2019c). Bien que le compte de stabilisation ait reçu son premier quart de dépôt, d'un montant de 10 milliards de FCFA, celui-ci est insuffisant pour amortir efficacement les chocs dans le contexte actuel. Le gouvernement a donc besoin d'une plus grande marge de manœuvre budgétaire pour réduire sa dépendance actuelle à l'égard des recettes pétrolières.

- *Créer des institutions budgétaires bien pensées qui s'occupent d'élaborer et de maintenir de saines politiques budgétaires tout en garantissant la transparence au sein d'organismes de prévision indépendants.* Le système de GFP du Tchad doit être suffisamment solide pour : a) fournir des prévisions raisonnables de la production pétrolière, des prix du pétrole et des recettes budgétaires tirées de ce dernier, et analyser les risques connexes ; b) assurer la planification budgétaire à moyen terme ; c) faciliter l'évaluation, la sélection et la mise en œuvre des projets d'investissement afin que les recettes tirées des ressources naturelles soient mises au service du développement économique à long terme ; d) intégrer la gestion de la trésorerie et minimiser les coûts de financement en veillant à ce qu'il existe un compte unique entre le budget et tout fonds de gestion des ressources naturelles ; et e) garantir la transparence dans le recouvrement et l'utilisation des recettes tirées des ressources naturelles et d'autres ressources disponibles grâce à une comptabilité, des rapports et des audits budgétaires appropriés. Au moment d'établir des institutions budgétaires, le gouvernement devrait envisager d'accorder une place prioritaire à la transparence budgétaire et la bonne gouvernance. Enfin, le pays devrait assurer un bon rendement des investissements d'infrastructure financés par les recettes pétrolières.

- *Accroître la transparence et l'efficacité dans la mobilisation des recettes pétrolières et l'exploitation pétrolière.* Cela serait particulièrement bénéfique pour le Tchad, car le gouvernement n'a aucun contrôle sur les fluctuations de prix et les recettes pétrolières devraient rester la principale source de recettes publiques dans un avenir prévisible. Une plus grande transparence et une plus grande participation du public à la gestion des recettes pétrolières pourraient améliorer l'éthique de responsabilité et réduire la mainmise des élites. Il reste toutefois beaucoup à faire pour améliorer la transparence et la gestion du secteur. Par exemple, le gouvernement doit créer une commission spéciale chargée du suivi des recettes pétrolières, qui inclut des représentants de toutes les composantes sociales et politiques du pays.

- *Accroître la concurrence sur les marchés de l'exploration et de la production pétrolières et minières.* Le gouvernement gagnerait à envisager de réformer sa politique d'octroi de licences pétrolières et minières, qui s'est jusqu'ici appuyée sur le principe du premier arrivé, premier servi, sans promouvoir activement la zone prospective. Les investisseurs actuels sont soit de grandes sociétés qui contrôlent toute la production dans le pays, soit de très petites sociétés qui semblent sous-capitalisées et ne mènent pas véritablement d'activités sur leurs blocs. Des stratégies ciblées d'octroi de licences et de promotion commerciale — associées à une meilleure capacité de surveillance du secteur — sont nécessaires pour stimuler le développement du secteur et assurer la productivité des zones attribuées et l'activité dans celles-ci (World Bank, 2019b).

ASSURER UNE BONNE GESTION MACROBUDGÉTAIRE ET UN ENVIRONNEMENT FAVORABLE AUX ENTREPRISES

Le manque de marge de manœuvre budgétaire pose un défi majeur pour assurer la viabilité des finances publiques dans les années à venir. Le Tchad ne bénéficie plus de la manne pétrolière substantielle qu'elle recevait entre 2008 et 2014, et sa situation budgétaire s'est dégradée sous l'effet de la pandémie de COVID-19. Les recettes pétrolières, qui sont de loin la principale source de recettes publiques, ont diminué en pourcentage des recettes totales, passant de 63,8 % en 2005-2014 à 36,9 % en 2015-2019 ; elles devraient baisser davantage dans les années à venir. La politique budgétaire du pays est en grande partie procyclique. La procyclicité, conjuguée à l'absence d'ancrage budgétaire, a entraîné la constitution d'une épargne publique insuffisante pour la mise en œuvre de politiques destinées à stabiliser l'économie et assurer l'équité intergénérationnelle. Le déficit budgétaire du pays (hors dons) est considérable : il s'élevait en moyenne à 2,6 % du PIB, même pendant la flambée des prix pétroliers de 2005-2014, puis s'est creusé à 3,4 % en 2015-2019. Le cadre budgétaire du Tchad doit être revu pour en assurer la viabilité.

Renforcer la mobilisation des recettes non pétrolières et mettre en œuvre des mesures de GFP adaptées

Pour renforcer la mobilisation des recettes non pétrolières et mettre en œuvre des mesures de GFP adaptées, les autorités gagnerait à envisager les actions suivantes :

- *Améliorer les outils et politiques de mobilisation des recettes non pétrolières.* Le recouvrement des recettes reste faible par rapport aux normes régionales et mondiales. Le faible taux de recouvrement de l'impôt peut être attribué à de multiples facteurs, le plus important étant la faiblesse de l'administration fiscale, la taille importante du secteur informel tchadien, la prolifération des exonérations fiscales, l'absence de mécanisme de remboursement de la taxe sur la valeur ajoutée (TVA) et l'étroitesse de l'assiette de la TVA résultant de l'abondance de biens et services exonérés d'impôts ou imposés à un taux réduit. La fourniture à l'administration fiscale d'infrastructures matérielles et informatiques adéquates (bâtiments, mobilier, système informatique, etc.) et l'investissement dans la gestion des ressources humaines pourraient contribuer au bon fonctionnement de ce département. La simplification des procédures d'enregistrement des entreprises et de la législation fiscale, ainsi que l'amélioration de la transparence et de la responsabilité dans les relations entre l'administration fiscale et les contribuables, pourraient contribuer aux efforts visant à diminuer la taille du secteur informel. Le partage d'informations entre les différentes administrations (fiscale, douanière, foncière, etc.) grâce à des processus informatisés aiderait à élargir l'assiette fiscale en identifiant les entreprises non enregistrées à des fins d'imposition. Pour recouvrer davantage de recettes, les autorités doivent mettre en place un système qui alloue une part de la TVA perçue pour refinancer les besoins, rationaliser les exonérations fiscales accordées aux entreprises et développer les biens et services assujettis à la TVA. Des efforts sont aussi nécessaires pour améliorer la transparence, la responsabilisation et l'efficacité de l'administration douanière et accroître sa contribution aux recettes intérieures.

- *Mettre en place une tranche d'imposition zéro pour les revenus les plus bas afin à la fois de simplifier l'administration de l'impôt et d'améliorer la progressivité et l'équité fiscales.* Le gouvernement doit augmenter les recettes d'une manière qui n'impose pas une charge supplémentaire aux pauvres ou n'entrave pas la capacité du secteur privé à créer des emplois. Il lui faut aussi rationaliser les retenues d'impôt, car elles profitent de manière disproportionnée aux riches et entraînent d'importants manques à gagner. Le recours à des outils numériques aiderait le gouvernement à rendre plus efficaces le fisc et les services douaniers ainsi que le recouvrement de l'impôt. Une attention particulière doit être accordée à la transparence et à l'efficacité de l'administration douanière en vue d'accroître sa contribution aux finances publiques.

- *Veiller à ce que toute réforme budgétaire couvre les systèmes de dépenses publiques et de passation des marchés publics, compte tenu de ce que le Tchad peine actuellement à assainir ses finances publiques.* Le gouvernement doit réformer en profondeur le système de dépenses publiques, notamment sur les plans de la planification, la budgétisation et l'exécution. Plus précisément, il devrait : a) renforcer le processus de planification budgétaire et mettre en cohérence la planification et la budgétisation, b) améliorer sa présentation du budget pour faciliter l'analyse en distinguant les secteurs directement et indirectement productifs, c) renforcer les capacités et les compétences de certains ministères de tutelle en matière de gestion des finances publiques, et d) réduire le recours aux procédures spéciales dans l'exécution du budget.

- *Réformer le système d'investissement public, notamment en matière de planification, de budgétisation et de mise en œuvre.* Le gouvernement a pris d'importantes mesures pour améliorer l'efficience et l'efficacité de la gestion des investissements publics. Il a par exemple établi la Commission nationale de gestion des investissements publics et amélioré la procédure de sélection des projets d'investissement. Toutefois, des efforts supplémentaires sont nécessaires pour assurer la viabilité de la GFP (préparation et exécution du budget, passation des marchés, gestion de la dette), y compris : a) la planification et la coordination des décisions d'investissement avec toutes les institutions concernées ainsi que b) l'allocation ciblée des ressources publiques et la répartition géographique du budget par département, municipalité et zone rurale/urbaine.

- *Réduire le risque de surendettement en restructurant suffisamment la dette et en rationalisant les dépenses publiques.* Le Tchad est menacé de surendettement au regard du niveau élevé du service de la dette qu'il doit assurer par rapport à ses recettes. Le gouvernement gagnerait à procéder à la restructuration de la dette demandée par les créanciers bilatéraux et privés dans le cadre commun du G20 afin de ramener le risque à un niveau modéré. Dans le même temps, la rationalisation des dépenses pourrait se faire par l'augmentation prudente des dépenses courantes, une meilleure gestion de la masse salariale et des investissements publics plus efficaces. Des faiblesses importantes subsistent en matière de transparence et de gestion de la dette, malgré les améliorations découlant des réformes entreprises en 2020. Pour améliorer la transparence et la gestion de la dette, le gouvernement devrait : a) créer une base de données consolidée et complète des contrats de dette afin de permettre un meilleur suivi du service de la dette et des données exactes et cohérentes sur le stock de la dette ; b) actualiser et tenir à jour le Système informatisé de gestion et d'analyse de la dette (SYSGADE) pour fournir en temps voulu les rapports pertinents ; c) publier fréquemment des bulletins d'information sur la dette ayant une large distribution ; d) s'employer à restructurer la dette pour ramener le risque d'endettement à un niveau modéré ; et e) adopter une politique d'endettement soutenable.

- *Améliorer l'intégrité et la transparence dans la gestion des ressources publiques pour assurer la bonne exécution des fonctions de passation des marchés publics.* Malgré la récente mise à jour du Code des marchés publics pour relever les seuils d'approbation des marchés et promouvoir la parité hommes-femmes, des défis subsistent. Les autorités gagneraient à adopter des réformes en profondeur pour améliorer la performance et l'efficacité du système de passation des marchés publics, notamment : a) la mise en œuvre d'un système transparent d'attribution des marchés qui utilise une plateforme numérique pour limiter les procédures de gré à gré ; b) la dématérialisation des procédures d'examen et d'approbation des marchés publics afin d'en réduire les délais et les coûts ; et c) l'amélioration de la planification et de la mise en œuvre du budget pour éviter les retards de paiement et les arriérés susceptibles de générer des distorsions et de mettre à mal les entreprises de travaux publics et les banques locales.

- *Améliorer l'éthique de responsabilité en matière de dépenses publiques en créant des mécanismes de transparence systématique et en s'appuyant sur la participation citoyenne pour surveiller la gestion des ressources et l'efficacité des services fournis.* Cela pourrait nécessiter d'appuyer la diffusion anticipative d'informations sur les recettes, les dépenses publiques, la gestion de la dette, la passation des marchés publics et la performance des entreprises publiques, et de promouvoir la participation des citoyens à la GFP. Les mécanismes de transparence pourraient être renforcés par l'amélioration des rapports annuels de performance/d'audit, des codes de transparence, des déclarations de patrimoine, des boucles de rétroaction entre les citoyens et les États, des mécanismes de gestion des plaintes et des dispositifs de règlement des conflits au niveau local.

Assurer l'intégration régionale et un environnement favorable aux entreprises

Outre l'insuffisance des infrastructures et le faible niveau de développement du capital humain, le secteur privé tchadien se heurte à divers obstacles commerciaux et réglementaires. Les données sur l'environnement des affaires au Tchad révèlent que le pays affiche des performances inférieures à celles de la plupart des pays d'Afrique subsaharienne sur plusieurs indicateurs, notamment la création d'entreprise, l'obtention de permis de construire, le paiement des impôts, le commerce transfrontalier, l'accès à l'électricité et l'obtention de crédits. En outre, l'investissement privé est fortement limité dans le pays par le coût élevé du travail et du capital[2]. En même temps, le manque d'électricité freine considérablement l'expansion du secteur privé dans les secteurs manufacturier et tertiaire.

Pour accélérer l'intégration régionale et créer un environnement favorable aux entreprises, les autorités devraient envisager les actions suivantes :

- *Renforcer l'intégration économique avec les pays côtiers et les pays voisins.* Le Tchad devrait travailler avec d'autres pays de la CEMAC (l'une des régions les moins intégrées d'Afrique) pour améliorer l'infrastructure, la logistique et la réglementation le long des principaux corridors commerciaux régionaux, en vue d'éliminer les principaux goulets d'étranglement qui entravent les échanges (tels que la fiscalité illégale, les procédures/pratiques inefficaces et les contrôles aux frontières) et d'améliorer la qualité du réseau routier. L'intégration régionale devrait également être poursuivie avec les pays voisins autour du lac Tchad afin de créer un marché intérieur couvrant le nord du Nigéria, le nord du Cameroun, le Niger et le Tchad. Un marché intérieur qui fonctionne bien pourrait aider à constituer des chaînes de valeur qui, par exemple, intégreraient le marché du bétail avec la transformation légère de la viande et du cuir (par exemple, pour des chaussures et des sacs).
- *Utiliser les politiques et ressources publiques pour attirer les investisseurs privés et réduire les risques afin de stimuler la transformation économique du pays.* La transformation économique du Tchad passe par l'accroissement de la productivité et de la compétitivité, ce qui pourrait être réalisé en élargissant l'accès à l'électricité, aux transports et aux financements. Par rapport à de nombreux autres pays comparables, et malgré la création d'un conseil présidentiel, le Tchad ne dispose pas d'un mécanisme de coordination destiné à promouvoir un environnement favorable aux affaires. Le gouvernement pourrait renforcer la confiance du secteur privé en mettant en place un solide cadre de dialogue public-privé et en améliorant l'état de droit pour assurer l'équité.
- *Accélérer l'adoption et la mise en œuvre de réformes favorables aux entreprises qui sont déjà validées, mais en attente d'exécution depuis 2017.* Des mesures visant à assurer des conditions équitables aux investisseurs privés renforceront la croissance en réduisant les coûts d'entrée et les obstacles liés à la constitution d'investisseurs « privilégiés ». Il s'agit notamment de : a) l'amélioration du code de procédures civiles, commerciales et sociales ; b) la réforme de la procédure d'obtention d'un permis de construire ; c) l'amélioration des performances du guichet unique de création d'entreprise afin de réduire les délais et les coûts d'enregistrement ; et d) la réduction du nombre élevé de paiements d'impôts et de cotisations sociales. Des réformes sectorielles sont également nécessaires pour stimuler la productivité et l'investissement privé.

L'énergie ; la technologie, les médias et les télécommunications ; et les technologies de l'information et de la communication sont importantes pour l'industrialisation et la modernisation de l'économie tchadienne. La réforme des politiques dans ces secteurs devrait se concentrer sur les tarifs, la réglementation, l'efficacité des entreprises publiques et l'ouverture à la concurrence.

- *Améliorer la disponibilité des données économiques et faciliter la coordination interne (entre les services) et externe (avec les partenaires de développement) sur les projets de développement et la prestation de services.* L'accès à des données de qualité est essentiel à la conception et à la mise en œuvre des politiques économiques. Mais en même temps, la coordination interne et externe permettrait de faire en sorte que les efforts de décentralisation favorisent l'atteinte du double objectif de la Banque mondiale et des objectifs fondamentaux du Tchad en matière de développement socioéconomique.

NOTES

1. Seules les mesures susceptibles de produire un impact au cours des cinq prochaines années ont été prises en compte.
2. En 2019, le Forum économique mondial a classé le Tchad au dernier rang en termes de compétitivité (140e sur 140 pays).

RÉFÉRENCES BIBLIOGRAPHIQUES

World Bank. 2018a. « Escaping Chad's Growth Labyrinth: Disentangling Constraints from Opportunities and Finding a Path to Sustainable Growth. » World Bank, Washington, DC. https://elibrary.worldbank.org/doi/pdf/10.1596/30941.

World Bank. 2018b. « Project Appraisal Document on a Proposed Grant to the Republic of Chad for a Refugees and Host Communities Support Project. » World Bank, Washington, DC. http://documents.worldbank.org/curated/en/658761536982256019/pdf/PAD2809-PAD-PUBLIC-disclosed-9-12-2018-IDA-R2018-0286-1.pdf.

World Bank. 2019a. « Chad Public Expenditure Analysis: Fiscal Space for Productive Social Sectors Expenditure. » World Bank, Washington, DC. https://openknowledge.worldbank.org/handle/10986/34616.

World Bank. 2019b. « Chad Petroleum Sector Diagnostic Report. » February 2019. World Bank, Washington, DC. https://openknowledge.worldbank.org/bitstream/handle/10986/33898/Chad-Petroleum-Sector-Diagnostic-Report.pdf.

World Bank. 2019c. « Chad—Second Programmatic Economic Recovery and Resilience Development Policy Financing Project. » World Bank, Washington, DC. https://documents.worldbank.org/en/publication/documents-reports/documentdetail/428811579575639441/-chad-second-programmatic-economic-recovery-and-resilience-development-policy-financing-project.

World Bank. 2020. "Chad Petroleum Sector SME Competitiveness and Global Value Chains Upgrading Diagnostics." December. https://operationsportalws.worldbank.org/Pages/DocumentProfile.aspx?projectid=P166399&DocId=47&IsCovGen=true&removePublic=false&stage=AUS.

4 Principales voies à suivre

CONTEXTE GÉNÉRAL

Pour assurer une croissance économique inclusive et créer des emplois, le gouvernement gagnerait à mettre l'accent sur des réformes et des investissements qui visent à améliorer la prestation des services publics, combler le déficit d'infrastructures et favoriser le développement du secteur privé. Le pays gagnerait à investir pour accélérer l'accumulation du capital humain, en mettant l'accent sur la réduction des disparités entre les sexes, afin que les filles et les femmes puissent y contribuer dans toute la mesure de leur potentiel. Il gagnerait à également investir dans les infrastructures de production — notamment dans l'énergie, les technologies de l'information et de la communication, l'eau, le transport et la logistique — afin d'améliorer la connectivité et de renforcer l'intégration régionale. Pour promouvoir l'inclusion économique, il faudra développer les secteurs économiques créateurs d'emplois dans lesquels le pays dispose d'un avantage stratégique, tels que l'agriculture commerciale et l'élevage, et des secteurs émergents, tels que l'économie numérique.

RENFORCER LE CAPITAL HUMAIN ET RÉDUIRE LES DISPARITÉS ENTRE LES SEXES

Pour inverser les récents revers en matière de réduction de la pauvreté et jeter les bases nécessaires pour changer la trajectoire à moyen terme de la croissance et de la lutte contre la pauvreté, des efforts doivent être consentis pour atténuer les chocs et intensifier l'accumulation du capital humain au Tchad. Plus précisément, le gouvernement gagnerait également à remédier au déficit d'accès à l'éducation et aux soins de santé (grâce à des financements publics plus efficaces, mieux ciblés et plus rationnels); au faible niveau d'inclusion des femmes dans l'économie; et à l'accès limité à l'emploi formel — qui sont tous des obstacles majeurs identifiés au chapitre 2. En outre, les autorités gagneraient également à réformer le système de protection sociale pour assurer une plus grande équité et accélérer l'accumulation du capital humain.

Améliorer l'accès à l'éducation et à la formation professionnelle et leur qualité

Pour améliorer l'accès à l'éducation et à la formation professionnelle ainsi que leur qualité, les autorités devraient envisager les actions suivantes :

- *Donner la priorité au renforcement des ressources humaines dans le secteur de l'éducation.* Cette mesure pourrait être entreprise en établissant une politique de gestion des enseignants communautaires, en améliorant la formation des enseignants et en définissant des critères clairs pour l'allocation des ressources humaines, notamment en faveur de zones mal desservies et de groupes de population marginalisés. Elle devrait également prévoir la mise en place d'un programme d'incitations comprenant un ensemble de solutions d'hébergement et qui facilite l'avancement de carrière des enseignants travaillant dans des localités reculées, en conflit ou vulnérables, compte tenu des considérations de sécurité. Les autorités doivent également formuler une stratégie claire pour soutenir le versement de subventions aux enseignants communautaires de niveau 1 et 2 afin d'assurer la continuité de l'apprentissage. L'enseignement primaire dépend fortement des enseignants communautaires, qui représentent environ 67 % du personnel enseignant. Suite à la décision du gouvernement de cesser de subventionner ces enseignants, plus de 2 000 écoles primaires ont fermé et le nombre d'élèves scolarisés a diminué d'au moins 250 000 entre 2014 et 2017. Depuis 2018, les partenaires techniques et financiers du Tchad, dont la Banque mondiale, appuient la réouverture de certains établissements scolaires et l'augmentation du taux de scolarisation, mais cette dépendance à l'égard de l'aide extérieure n'est pas viable.
- *L'augmentation des dépenses budgétaires non salariales est une autre priorité majeure.* Cette mesure est importante pour améliorer les résultats scolaires tout en renforçant la capacité à surveiller les ressources extérieures et les performances. Elle est aussi essentielle pour renforcer la gouvernance grâce à une participation accrue des parents et des communautés au suivi des résultats scolaires et à la responsabilisation des écoles à l'égard de ces résultats. Les conditions d'apprentissage des élèves pourraient être améliorées en construisant, réhabilitant et rénovant des salles de classe et en dotant les écoles d'outils appropriés.
- *Améliorer sensiblement la gouvernance du secteur de l'éducation.* Cette mesure pourrait être menée à bien en adoptant et en utilisant des critères objectifs pour le recrutement, l'affectation et la promotion des enseignants et du personnel éducatif, et elle nécessiterait une surveillance robuste des investissements dans l'infrastructure et l'équipement des établissements d'enseignement général et de formation professionnelle. Les actions à l'effet d'améliorer la qualité de la gouvernance dans le secteur de l'éducation doivent également prendre en compte l'égalité entre régions en ce qui concerne la répartition des ressources humaines, des infrastructures et des équipements dans l'enseignement primaire, secondaire et supérieur, ainsi que dans la formation professionnelle. Un partenariat solide avec le secteur privé est indispensable pour l'élaboration des programmes d'études, la formation des enseignants, les stages pour étudiants et la gestion institutionnelle, à l'effet de renforcer la formation professionnelle. Les établissements de formation professionnelle ont besoin d'une plus grande autonomie tout en étant responsables des résultats (par exemple, par la mise en place d'un contrat de performance entre les établissements et le ministère).

- *Adopter une approche intégrée axée sur la salle de classe pour réduire le niveau actuellement élevé de pauvreté des apprentissages.* Pour remédier au niveau élevé de déficit d'apprentissage au Tchad, les autorités gagneraient à veiller à ce que : a) les enseignants soient assidus en classe et enseignent effectivement, et les élèves viennent en classe et apprennent dans une langue qu'ils comprennent[1] ; b) la pratique de l'enseignement soit améliorée et ajustée au niveau qu'il faut pour les élèves ; c) le matériel pédagogique soit disponible et utilisé effectivement ; et d) les enseignants soient surveillés, soutenus et encadrés en permanence. La mise en place de programmes d'études cohérents à tous les niveaux d'enseignement, y compris l'enseignement scientifique et technique, est tout aussi essentielle pour améliorer la qualité et la pertinence de l'éducation au Tchad.

- *Mettre en œuvre des politiques visant à améliorer les résultats et l'équité en matière d'éducation.* La structure du système éducatif est intrinsèquement inefficace, ce qui donne lieu à des taux d'abandon élevés qui augmentent d'un niveau à l'autre. Le gouvernement pourrait s'attaquer aux problèmes d'équité en : a) révisant le programme actuel de bourses afin de cibler les élèves issus de ménages à faible revenu ; b) menant des campagnes de sensibilisation aux obstacles sociaux et culturels qui entravent l'accès des filles à l'enseignement primaire, secondaire et supérieur ainsi qu'à l'enseignement et la formation techniques et professionnels ; et c) mettant en place des programmes d'action en faveur des pauvres qui ciblent particulièrement les communautés marginalisées. La participation des populations est une condition préalable au maintien des enfants à l'école et à l'amélioration des acquis scolaires.

- *Renforcer le système éducatif de manière à faire une place à l'enseignement dans les situations d'urgence, à la prise en charge psychosociale et aux enfants présentant des besoins spéciaux[2].* Le secteur de l'éducation est sous pression en raison de l'accroissement de la population d'âge scolaire et de l'intensification des crises humanitaires à l'intérieur et à l'extérieur du pays, qui entraînent des déplacements de population. Au Tchad, environ 52 % des enfants d'âge primaire ne sont pas scolarisés (54 % des filles et 50 % des garçons). Une grande proportion d'enfants non scolarisés, principalement dans les provinces orientales et occidentales, souffre de malnutrition, et de nombreux districts scolaires accueillent des réfugiés venant de régions voisines. Ces défis nécessitent l'adoption et le renforcement d'une approche intégrée et inclusive de l'éducation et de l'apprentissage au Tchad.

- *Aligner le système d'éducation et de formation sur les besoins du marché du travail et du secteur privé.* Il est essentiel de donner la priorité aux secteurs à forte intensité de main-d'œuvre de l'économie. Conscient du potentiel de développement économique que présentent les investissements dans la science, la technologie, l'ingénierie et les mathématiques, le gouvernement a recruté plus de 1 400 enseignants de sciences dans le secondaire en 2019, ce qui constitue un bon point de départ. Toutefois, les autorités doivent mener de vastes consultations avec le secteur privé, les organisations de la société civile et les partenaires du secteur de l'éducation pour assurer la cohérence du système d'éducation et de formation et sa capacité à répondre efficacement aux besoins du marché du travail. Le développement des compétences intéresse particulièrement les opérateurs informels sollicités par des entreprises du secteur formel. La priorité devrait être accordée aux programmes de formation professionnelle offerts dans les centres urbains afin de promouvoir la croissance, et ceux-ci devraient être définis en tenant compte de la demande de services urbains et des nouvelles activités commerciales, le but étant de diversifier l'économie et de tirer parti de l'avènement des nouvelles technologies. Cela est important parce que la plupart des nouveaux emplois sont liés à l'activité urbaine et nécessitent une main-d'œuvre qualifiée importante. En même temps, les pouvoirs publics devraient autonomiser les personnes qui achèvent leur formation et soutenir leur insertion professionnelle et sociale, car cela encouragera les jeunes à suivre une formation professionnelle et à s'engager dans l'entrepreneuriat.

Améliorer la performance du système de santé

Des actions doivent être entreprises à l'échelle de l'ensemble du secteur de la santé du pays pour améliorer les performances de ce dernier. Les recommandations suivantes portent sur les réformes les plus susceptibles d'accélérer les progrès vers la couverture sanitaire universelle et d'améliorer les résultats en matière de capital humain :

- *Il faut renforcer l'efficacité du secteur de la santé pour accroître la couverture et la qualité des services de santé essentiels.* Cette mesure passe par le développement du personnel de santé (par exemple, en mobilisant des effectifs supplémentaires et en améliorant les compétences du personnel déjà inscrit sur les listes de paie) ; l'équipement des centres de santé et la résolution des problèmes liés à la chaîne d'approvisionnement ; l'amélioration de la coordination et la supervision des agents de santé communautaires afin d'accroître la couverture des services communautaires ; le renforcement de la collecte et la communication de données de routine ; et la suppression des obstacles à l'accès du côté de la demande. À leur tour, ces améliorations exigeront des ressources financières supplémentaires pour accroître le budget consacré à l'entretien des infrastructures et des équipements de santé existants, ce qui entraînerait l'augmentation de l'enveloppe allouée à la santé publique. D'où la nécessité de renforcer la coordination au sein du ministère de la Santé et entre les directions des finances et de la planification dans le processus de préparation du budget tout en assurant le suivi de l'efficacité allocative et technique.
- *Privilégier la formation d'agents de santé supplémentaires, améliorer la formation en cours d'emploi et déployer davantage de personnel dans les zones mal desservies*[3]. La prestation des services de santé a toujours souffert d'un manque d'intrants essentiels et de l'insuffisance des effectifs dans les hôpitaux et centres de santé de district. La fragilité du système de santé tchadien est accentuée par des facteurs géographiques et sociaux. Faire en sorte que les centres de santé disposent des ressources nécessaires pour déployer efficacement les agents de santé nouvellement recrutés permettra d'améliorer la prestation de services de santé aussi bien à N'Djaména que, en particulier, dans les zones rurales ou touchées par des conflits. Le déploiement d'agents de santé dans les localités rurales, difficiles d'accès ou touchées par un conflit aidera à remédier aux déséquilibres régionaux et à l'absence d'une présence positive de l'État dans ces milieux. Cette mesure contribuera à lutter contre l'exclusion de certains groupes de population mal desservis, laquelle agit comme un facteur de fragilité susceptible d'accroître le risque de conflit et de violence.
- *Améliorer la prestation de services et tirer parti de la technologie et de l'innovation.* Compte tenu de la faible densité de population et du déficit d'infrastructures de transport au Tchad, il sera important de conjuguer des actions

efficaces de promotion de la santé et de prévention des maladies au niveau communautaire avec la fourniture de services de santé de qualité au niveau des établissements de santé. La fourniture de services au niveau local devrait se faire en collaboration avec les autorités traditionnelles et des personnalités influentes de la communauté, et elle devrait inclure des activités de sensibilisation et de changement de comportement visant à accroître la demande de services essentiels de santé et de nutrition. Des solutions numériques pourraient être exploitées pour élargir la couverture des services essentiels et s'attaquer à certains des obstacles les plus importants à l'accès (par exemple, les obstacles géographiques et financiers). Les solutions numériques pourraient être utilisées pour fournir des soins spécialisés dans les zones mal desservies, compte tenu du faible nombre de médecins spécialisés au Tchad. Par exemple, l'utilisation d'outils de santé mobile et de cybersanté pourrait permettre à un médecin spécialisé basé à N'Djaména de desservir des zones reculées sur tout le territoire national.

- *Améliorer l'efficacité et le rendement du financement de la santé ainsi que le cadre de l'investissement privé dans les soins de santé*[4]. Des investissements supplémentaires sont nécessaires dans le secteur de la santé pour améliorer l'efficacité de ce secteur et réaliser la vision du gouvernement à cet égard. Le gouvernement devrait intensifier les réformes axées sur le financement de la santé qui visent à en améliorer l'efficacité, notamment en adoptant un modèle de financement basé sur la performance. Cela nécessiterait de réaménager la gestion des finances publiques de manière à adapter le processus de planification et d'élaboration du budget et à promouvoir une plus grande transparence et responsabilisation dans l'utilisation des fonds publics. Le gouvernement tchadien devrait assurer la mise en œuvre effective de la politique de gratuité des soins de santé qui accorde l'accès sans frais aux soins pour les mères et les enfants de moins de cinq ans. Enfin, le gouvernement doit adopter des réglementations pertinentes et réduire les goulets d'étranglement administratifs afin de créer un environnement plus propice à l'investissement privé dans les soins de santé et d'élargir la gamme des services de santé.

- *Renforcer la préparation aux pandémies et la capacité du système de santé à faire face à ces dernières, y compris la COVID-19.* Les flambées de maladies évitables récurrentes en Afrique de l'Ouest soulignent l'importance de systèmes solides de veille sanitaire et de riposte aux maladies. Le Tchad devrait redoubler d'efforts pour déployer la version 2 du logiciel d'information sanitaire de district (DHIS2)[5] afin de permettre aux autorités compétentes de collecter des données épidémiologiques fiables en temps opportun. De plus, un réseau de laboratoires doit être mis en place pour promouvoir les synergies et améliorer la sécurité et la qualité des procédures de laboratoire. Par ailleurs, le Tchad devrait renforcer ses programmes de vaccination systématique et la surveillance des maladies au niveau communautaire afin de prévenir la survenue d'épidémies potentielles et de les identifier rapidement, le cas échéant.

Renforcer les programmes de protection sociale

Le système de protection sociale du Tchad se compose principalement d'interventions visant à lutter contre l'insécurité alimentaire cyclique et grave, notamment de programmes d'envergure limitée qui ciblent le développement et la protection à long terme. Ces dernières années cependant, le gouvernement a fait des efforts considérables pour mettre en place un système de protection sociale plus coordonné, plus durable et plus efficace, qui associe les partenaires de développement et les organismes humanitaires et met l'accent sur les zones périphériques. Ce système vise à harmoniser les efforts en vue d'éviter les chevauchements et d'œuvrer à l'élargissement de la couverture et de la portée des programmes. La pandémie de COVID-19 a mis en évidence la nécessité et les possibilités d'améliorer la résilience du système de protection sociale et de mettre en place des mécanismes permettant d'assurer rapidement un revenu minimum aux personnes en situation de crise. Les systèmes de prestation de services pourraient se faire plus robustes et adaptables, avec la capacité d'apporter un soutien plus rapide à un plus grand nombre de personnes, en intégrant un dispositif d'identification unique et universelle, les registres sociaux des ménages pauvres et vulnérables, et des mécanismes de paiement électronique/numérique qui sont également adaptés aux personnes déplacées à l'intérieur du pays.

Pour poursuivre l'action du gouvernement en faveur de la mise en place d'un système de protection sociale plus coordonné, durable et efficace, les autorités devraient envisager les actions suivantes :

- *Accroître les investissements dans les systèmes de protection sociale et de prestation de services afin d'en élargir la couverture.* Premièrement, les autorités gagneraient à donner la priorité aux efforts visant à étendre les programmes existants à l'ensemble du pays[6], accroître la participation des pauvres aux programmes de protection sociale, élargir les systèmes de retraite et d'épargne-vieillesse à la plupart des travailleurs du secteur formel, et permettre aux travailleurs de l'informel d'accéder au système de protection sociale. Deuxièmement, elles pourraient investir dans des systèmes de prestation de services plus adaptatifs, notamment des systèmes d'alerte précoce efficaces, un registre social, des dispositifs de paiement numérique et des programmes de protection sociale modulables pour répondre à des crises comme la COVID-19. Troisièmement, les autorités peuvent envisager d'accroître l'accès aux possibilités économiques pour les ménages vulnérables, les entreprises informelles et les microentreprises, ainsi que leur productivité, car la pandémie a gravement mis à mal les marchés du travail formel et informel. Par exemple, la crise a freiné les progrès vers l'adoption d'une législation accordant des prestations de chômage en réponse aux crises, selon des critères clairement définis. Enfin, le gouvernement gagnerait à intensifier a) les investissements dans le capital humain, notamment dans l'éducation et le développement de la petite enfance, afin de protéger la génération actuelle et d'améliorer l'accès aux infrastructures sociales (par exemple, les établissements scolaires et les centres de santé) ; et b) les interventions visant à promouvoir le développement du capital humain, notamment en matière de nutrition et d'éveil du jeune enfant.

- *Renforcer la coordination des programmes de protection sociale.* Il est nécessaire d'améliorer la coordination entre la Cellule Filets sociaux et le ministère des Affaires sociales. Il est également nécessaire de renforcer la gouvernance et les institutions pour assurer la bonne mise en œuvre des programmes et politiques en déconcentrant les services de manière à éviter la centralisation des interventions de protection sociale au sein de la Cellule Filets sociaux. La capacité des pouvoirs publics à s'approprier le système de protection sociale existant et à obtenir des financements par le biais d'un mécanisme budgétaire ou financier doit être renforcée pour assurer la mise en œuvre durable des programmes de protection sociale.

Autonomiser les femmes et accélérer la transition démographique

Les mesures prises pour promouvoir une plus grande inclusion des femmes dans l'économie tchadienne doivent toucher tous les domaines où des obstacles à l'égalité des sexes persistent, qu'il s'agisse d'influer sur les normes ou d'assurer l'égalité d'accès aux opportunités. Les défis spécifiques auxquels sont confrontées les femmes et les filles dans les régions touchées par un conflit devraient également être pris en compte. Pour susciter le changement, les autorités pourraient adopter des politiques ambitieuses intégrant l'approche genre et s'attaquer aux obstacles qui freinent la mise en œuvre des réformes. La réduction des disparités entre les sexes nécessite des changements juridiques et des programmes pour modifier les pratiques sociales et culturelles. Pour autonomiser les femmes et accélérer la transition démographique, les autorités devraient envisager les actions suivantes :

- *Veiller à ce que les politiques axées sur l'égalité des sexes contribuent à améliorer les acquis scolaires, à maintenir les filles à l'école et à prévenir les grossesses chez les adolescentes afin de réduire les écarts entre les sexes chez les adolescentes.* Cette mesure pourrait être menée à bien en : a) adoptant des plans de cours préparés à l'avance et des méthodes d'enseignement d'un niveau approprié pour remédier aux faibles résultats scolaires des filles ; b) mettant en œuvre des programmes visant à mettre fin aux mariages d'enfants, à prévenir les grossesses précoces et à éduquer les filles en vue de renforcer leur pouvoir d'action une fois adolescentes ; et c) promouvant le développement des compétences afin d'offrir aux filles une solution de rechange à l'entrée précoce dans la vie familiale et d'améliorer la productivité de celles qui sont en déperdition scolaire. En outre, des politiques sexospécifiques pourraient prévoir des actions destinées à maintenir les filles à l'école, à les aider à retourner à l'école ou à retarder directement le mariage tout en appliquant les lois en vigueur qui interdisent les mutilations génitales féminines et le mariage précoce, ainsi que l'adoption d'approches communautaires pour modifier les normes de genre.
- *Mettre pleinement en œuvre le cadre juridique actuel pour réduire les violences sexistes qui, depuis peu, sont de plus en plus fréquentes.* Les perspectives économiques des femmes devraient être améliorées grâce à des soins de santé maternelle de meilleure qualité, au développement des compétences et à un meilleur accès aux marchés et aux actifs productifs. Pour réduire la mortalité maternelle, l'ensemble du système de soins de santé doit fonctionner correctement, et les femmes doivent pouvoir recevoir de l'acide folique avant la grossesse, faire des visites prénatales et accéder à des services qui permettent de déceler des affections potentiellement dangereuses, à des établissements de santé pour accoucher, et à des hôpitaux qui fonctionnent bien. En outre, les femmes ont besoin d'un plus grand accès aux soins de santé génésique et d'une plus grande marge de manœuvre dans ce domaine. L'application de la loi n° 06-2002 sera cruciale pour garantir la liberté des femmes à exercer leur droit d'accès aux services de santé. Ces mesures pourraient aider le Tchad à récolter les fruits du dividende démographique. Les campagnes de

changement de comportement qui renforcent l'autonomie des femmes et la demande de planning familial devraient être adaptées aux caractéristiques socioculturelles spécifiques des diverses sociétés qui composent ce pays et prévoir une participation active des populations locales.

- *Améliorer les compétences des femmes et faire en sorte qu'elles aient davantage accès aux intrants afin de combler les écarts entre les sexes dans l'agriculture, l'entrepreneuriat et les rémunérations salariales.* La législation doit être révisée pour éliminer les obstacles à l'emploi et à l'entrepreneuriat des femmes ainsi qu'à l'accès à diverses institutions. Les femmes doivent être associées aux décisions relatives à la riposte à la crise de la COVID-19, et les femmes et les filles doivent être ciblées délibérément dans toutes les initiatives prises pour faire face à la pandémie (World Bank, 2021).
- *Veiller à ce que les politiques qui encouragent une plus grande inclusion des femmes couvrent également des groupes vulnérables tels que les personnes handicapées.* Le programme national d'autonomisation des femmes actuellement en préparation devrait également répondre aux besoins des jeunes et des groupes vulnérables qui se heurtent aussi à des difficultés d'accès aux opportunités économiques. Il est en outre nécessaire de créer une banque en vue d'accroître la productivité des familles nécessiteuses (notamment les ménages comprenant des personnes handicapées) et des foyers à faible revenu et les intégrer dans la société.

AMÉLIORER L'INFRASTRUCTURE POUR OFFRIR DES SERVICES DE MEILLEURE QUALITÉ

Le Tchad gagnerait à la fois construire et entretenir des infrastructures essentielles dans les domaines de l'énergie, de l'eau, du transport et des télécommunications pour améliorer l'accès aux services de base. Une approche stratégique et globale du développement des infrastructures est nécessaire pour améliorer l'efficacité des services publics offerts, y compris dans les zones marginalisées. Le Tchad doit trouver un moyen durable de financer et d'entretenir les infrastructures existantes. Les autorités devraient s'attacher à améliorer la gestion et la supervision des entreprises publiques afin d'assurer une prestation de services efficace et efficiente et de contribuer véritablement au développement des infrastructures[7]. Cette mesure nécessitera la contribution du secteur privé, et le gouvernement devra peut-être s'appuyer sur des partenariats public-privé pour améliorer la qualité des services publics offerts. Quoi qu'il en soit, les autorités doivent mettre l'accent sur la qualité des infrastructures, du point de vue de la métrologie, des normes et de la conformité, ainsi que sur la manière de rendre les investissements résilients face à l'évolution du climat. À court et moyen termes, la priorité devrait être accordée aux infrastructures d'énergie et de transport.

Réformer le secteur de l'énergie pour en améliorer l'accès

Le secteur tchadien de l'énergie est confronté à deux défis majeurs : l'insuffisance de l'offre d'électricité et le faible accès à celle-ci.

L'amélioration significative de l'accès à l'électricité nécessiterait des efforts massifs pour accroître la capacité de production et d'importation/d'exportation d'électricité, étendre et renforcer le réseau de transport et de distribution, et mettre en service des solutions hors réseau à grande échelle. Compte tenu du temps nécessaire à l'approvisionnement électrique en réseau, de l'état embryonnaire du réseau électrique national (qui se limite à la capitale, N'Djaména) et de la faible densité de population dans les zones rurales, qui accueillent près des trois quarts de la population du pays, les mini-réseaux et les systèmes solaires autonomes sont bien positionnés pour jouer un rôle important dans l'accès à l'électricité jusqu'en 2030. Des mini-réseaux devront être établis dans les villes secondaires, et des systèmes solaires autonomes installés dans les zones rurales et périphériques pour assurer l'accès à l'électricité aux entités publiques, aux ménages et pour des besoins de production. Les mini-réseaux et les systèmes solaires autonomes peuvent être déployés assez rapidement et servir à fournir de l'électricité à des localités qui seront raccordées au réseau électrique national plus tard. Toute l'attention nécessaire doit être portée aux services à la clientèle et à l'inclusion des groupes marginalisés. Le réseau national devrait atteindre une certaine envergure pendant la deuxième moitié de cette décennie, grâce à la construction de la ligne de transport à haute tension reliant les réseaux électriques du Tchad et du Cameroun dans le cadre du Projet d'interconnexion électrique Cameroun-Tchad financé par la Banque mondiale.

Assurer l'efficacité de l'approvisionnement en électricité est une condition préalable essentielle à la viabilité du secteur, à la fiabilité des approvisionnements et à l'amélioration de l'accès. La fourniture d'électricité à N'Djaména et dans une douzaine de villes secondaires, qui sont desservies par de mini-réseaux de petite taille, n'est pas rentable en raison du coût élevé de la production, des pertes commerciales importantes, du faible niveau de recouvrement des paiements, des tarifs à perte et des mauvais résultats d'exploitation. Un programme de réforme visant à résoudre ces problèmes devra prévoir les actions suivantes :

- *Réduire le coût de production de l'électricité* en : a) remplaçant le diesel par du fioul lourd dans les centrales thermiques existantes appartenant à la Société nationale d'électricité (SNE) et à des producteurs d'électricité indépendants ; b) acquérant de nouvelles capacités de production au moyen d'appels d'offres concurrentiels et transparents ; c) utilisant du gaz de pétrole, qui est torché actuellement, pour la production d'électricité ; d) augmentant la part de l'énergie solaire renouvelable d'un bon rapport coût-efficacité et du stockage de l'énergie tout en optimisant la distribution ; et e) important de l'électricité à des prix compétitifs.
- *Réduire les inefficacités dans la distribution et la vente de l'électricité* en mettant en œuvre un programme de protection des recettes pour remédier aux pertes commerciales et améliorer le recouvrement des paiements.
- *Améliorer la gouvernance de la SNE* en mettant en œuvre un contrat de performance entre l'État et cette société. Ce contrat précisera : a) les services et les indicateurs opérationnels de la SNE, b) le niveau des subventions publiques nécessaires si les tarifs ne couvrent pas les coûts, et c) les obligations de l'État concernant le paiement des factures d'électricité par les entités publiques et parapubliques[8].
- *Poursuivre la mise en place d'un cadre juridique et réglementaire* pour : a) poser les bases d'une exploitation financièrement viable de la SNE et des mini-réseaux exploités par le secteur privé en fixant des tarifs qui tiennent compte des coûts, et b) promouvoir la participation du secteur privé, qui est entravée par l'exploitation toujours déficitaire de la SNE et l'inadéquation de son statut juridique (en particulier en ce qui concerne la propriété des actifs énergétiques).

L'intervention du Groupe de la Banque mondiale dans le secteur de l'énergie au cours des années à venir devrait avoir pour objectifs, entre autres : a) l'accroissement de l'accès à l'énergie, b) l'amélioration de la gouvernance du secteur, c) la diversification du bouquet énergétique pour réduire les coûts et les émissions, et d) le renforcement de la viabilité opérationnelle et financière de la SNE (tableau 4.1).

Améliorer l'infrastructure de transport et les services de logistique

Pour améliorer l'infrastructure de transport et les services de logistique du pays, les autorités devraient envisager les actions suivantes :

- *Remédier à l'insuffisance des réseaux et services de transport du pays pour relier les zones et groupes marginalisés.* Cette mesure peut être mise en œuvre en : a) développant des corridors multimodaux, b) améliorant les échanges commerciaux et les services aux frontières, et c) renforçant l'efficacité opérationnelle et institutionnelle. Les deux premières priorités peuvent être traitées dans le cadre de programmes d'investissement public dans l'intégration régionale, qui sont soutenus par des bailleurs de fonds.
- *Mettre l'accent sur la gestion du patrimoine routier afin d'améliorer l'efficacité opérationnelle et institutionnelle.* Le Tchad a du mal à satisfaire aux exigences

TABLEAU 4.1 **Programme Énergie du Groupe de la Banque mondiale au Tchad**

Objectif	DPF et assistance technique connexe	Tchad — MPA pour l'élargissement de l'accès à l'énergie	Projet d'interconnexion Cameroun-Tchad	ROGEP	IFC et MIGA
1) Accroître l'accès à l'électricité	Analyse du réseau électrique national (MPE)	Électrification de N'Djaména, de villes secondaires et de zones rurales	Électrification de N'Djaména et de localités situées le long de la ligne de transport HT	Appui au secteur privé pour l'approvisionnement électrique à l'aide de systèmes solaires autonomes	• Financement du secteur privé • Garantie partielle de risques • Assurance contre les risques politiques pour les projets solaires
2) Améliorer la gouvernance du secteur	• Contrat de performance • Audit des états financiers (SNE)	s.o.	s.o.	s.o.	s.o.
3) Diversifier le bouquet énergétique afin de réduire les coûts et les émissions	• Plan de développement au moindre coût • Passage du diesel au fioul lourd • Appel d'offres concurrentiel pour de nouvelles capacités de production (SNE)	Hybridation des réseaux à N'Djaména et dans les villes secondaires en mobilisant des capitaux privés dans le solaire photovoltaïque et le stockage	Importations d'électricité à partir du Cameroun	s.o.	• Énergie solaire photovoltaïque conteneurisée et stockage • Transposition à plus grande échelle du programme de mini-réseaux • Assurance contre les risques politiques pour les projets solaires
4) Améliorer la performance de la SNE	• Mode de tarification (ARSE) • Programme de protection des recettes (SNE)	Mise en œuvre du Programme de protection des recettes à N'Djaména et dans les villes secondaires	Mise en œuvre du Programme de protection des recettes à N'Djaména	s.o.	s.o.

Source : Proposition des services de la Banque mondiale.
Note : ARSE = Autorité de régulation du secteur de l'énergie; DPF = Financement à l'appui des politiques de développement; HT = haute tension; IFC = Société financière internationale (du Groupe de la Banque mondiale); MIGA = Agence multilatérale de garantie des investissements (du Groupe de la Banque mondiale); MPA = approche-programme à phases multiples; MPE = ministère du Pétrole et de l'Énergie; s.o = sans objet; PRG = garantie partielle des risques; ROGEP = Projet régional d'accès à l'électricité hors réseau; SNE = Société nationale d'électricité.

financières et techniques nécessaires à l'entretien de son réseau routier. Pour relever ce défi, les autorités pourraient d'abord accéder à des ressources dédiées et garanties pour l'entretien routier. Le Fonds routier a rétréci considérablement au cours des cinq dernières années, en raison de contraintes budgétaires. Pour faire en sorte qu'elles disposent de ressources suffisantes et rétablir la confiance des bailleurs de fonds dans la capacité du gouvernement à continuer d'investir dans le transport, les autorités doivent revoir la gouvernance du Fonds routier et adopter des règles pour assurer son bon fonctionnement et sa responsabilisation.

- *Sous-traiter l'entretien routier au secteur privé pour corriger les lacunes opérationnelles.* On observe une tendance mondiale à transférer l'entretien routier des entités publiques au secteur privé par le biais de mécanismes prédéfinis appelés « contrats basés sur la performance » ou « contrats basés sur les résultats ». Les contrats basés sur la performance se sont révélés efficaces pour réduire les coûts, améliorer l'état des routes et assurer effectivement des services de transport.

- *Mettre en place de meilleurs mécanismes de financement dans le secteur des transports pour apporter des améliorations durables à l'infrastructure de transport.* Actuellement, les projets d'infrastructure et l'entretien des ouvrages existants sont financés par l'État, avec l'appui extérieur de bailleurs de fonds. Toutefois, ces sources de financement se révèlent insuffisantes pour répondre aux besoins du pays en matière de transport. En 2000, un fonds spécifique a été créé uniquement pour l'entretien routier ; il devait générer environ 19 millions de dollars par an par le biais d'une taxe sur les carburants. Les ressources générées par ce fonds serviront à entretenir environ 7 500 kilomètres de routes principales. Cela dit, le fonds n'a pas atteint son objectif en raison du faible niveau des ressources collectées, de problèmes liés aux transferts de fonds et de l'exclusion des communautés rurales.

Améliorer l'efficacité du secteur de l'eau

Le gouvernement gagnerait à donner une place prioritaire à la réforme du secteur de l'eau, en mettant l'accent à la fois sur l'accès et la qualité des services et sur l'expérience client. Pour relever les défis auxquels ce secteur est confronté, les autorités devraient envisager les actions suivantes :

- *Renforcer les institutions et la gouvernance du secteur de l'eau.* Le ministère de l'Eau, et plus généralement, le gouvernement, doit être équipé des instruments nécessaires pour diriger, réglementer et gérer le secteur, de l'aménagement des ressources en eau à divers services d'adduction d'eau (par exemple, l'eau potable, l'eau pour l'agriculture, l'eau pour la régénération des écosystèmes, etc.). Ces instruments doivent contribuer à un ciblage géographique et sous-sectoriel plus efficace de l'aide extérieure, qui reste mal gérée.

- *Assurer une bonne gestion des ressources en eau.* La gestion et la réglementation de l'utilisation des eaux souterraines et des eaux de surface doivent être renforcées au niveau de l'administration centrale et des collectivités locales. Bien qu'il existe des dispositifs de surveillance dans le pays, la plupart ne sont pas entretenus et les ressources en eau (disponibilité, qualité et variabilité) ne font pas l'objet d'un suivi. En raison des pressions croissantes, tant sur le plan socioéconomique que du changement climatique, le suivi et la gestion appropriés des ressources en eau prennent une importance sans cesse croissante.

La caractérisation de tous les types d'utilisations est importante pour définir et clarifier le mode d'imposition permettant d'appliquer les principes du pollueur-payeur et de l'utilisateur-payeur pour assurer la viabilité de la gestion des ressources en eau (sécurité de l'eau).

- *Assurer le financement durable de la Société tchadienne des eaux (STE).* L'amélioration des performances de l'hydraulique urbaine dépend du redressement financier de la STE. Un projet en préparation, qui bénéficie d'un financement de la Coopération néerlandaise pour le développement, de l'Agence française de développement et de l'Union européenne, prévoit un appui institutionnel à la STE et des investissements à N'Djaména. Cependant, d'autres centres de la STE ont besoin d'investissements d'urgence pour rétablir le service dans certaines des plus grandes villes du pays. Le gouvernement pourrait envisager de taxer les prélèvements d'eau pour financer la STE.

- *Mettre en œuvre des modèles de gestion des systèmes d'approvisionnement en eau dans les centres semi-urbains.* Il y a actuellement un débat sur les modèles de gestion appropriés pour les petits réseaux d'adduction d'eau par canalisations dans les centres semi-urbains et sur l'évolution envisagée vers des contrats *d'affermage* de taille moyenne avec des opérateurs privés. La mise en œuvre d'un modèle bien géré devrait être combinée à une assistance technique afin d'aider à définir les réformes et les investissements nécessaires pour développer ou réhabiliter les petits réseaux d'alimentation en eau en milieu urbain, ainsi que les dispositifs de protection contre les inondations. Les autorités nationales pourraient expérimenter différents modes de gestion ou différentes technologies (par exemple, le solaire) en vue de réduire les coûts d'exploitation et de promouvoir les branchements sociaux.

- *Concevoir et mettre en œuvre une stratégie d'approvisionnement en eau pour les zones rurales afin de renforcer la planification, le suivi et la réglementation du secteur de l'eau.* Une stratégie d'approvisionnement en eau en milieu rural est également nécessaire pour développer et réhabiliter les infrastructures d'adduction d'eau, en mettant l'accent sur les zones périphériques ou à risque ou touchées par un conflit et sur l'inclusion des groupes marginalisés. Cette stratégie devrait inclure des solutions d'approvisionnement en eau pour l'irrigation, notamment en étudiant les moyens de réaffecter l'eau utilisée dans la production pétrolière à l'agriculture. Elle devrait également accorder une attention particulière au lac Tchad et à l'impact du changement climatique sur les moyens de subsistance.

Développer le réseau de télécommunications

Plusieurs réglementations relatives aux télécommunications ont été adoptées au cours des cinq dernières années, dont l'impact sur l'investissement privé est limité. Ces réglementations avaient vocation à améliorer la compétitivité du secteur, mais elles ont surtout favorisé les opérateurs établis. L'accès insuffisant à la connectivité numérique et la piètre qualité de cette dernière continuent d'entraver la capacité du Tchad à attirer des investisseurs privés vers le secteur des télécommunications.

Pour élargir le réseau de télécommunications, les autorités devraient envisager les actions suivantes :

- *Ouvrir la passerelle internationale à la concurrence, lever les obstacles juridiques à la création de nouvelles passerelles internationales, et poser et utiliser des câbles à fibre optique pour améliorer la qualité et la portée des services de télécommunication*. Cette mesure nécessitera d'assurer des conditions de concurrence équitables entre les opérateurs privés et le prestataire public, et de mettre en place un cadre réglementaire propice à la concurrence pour favoriser le développement de services d'argent mobile qui pourraient renforcer l'inclusion financière et faciliter les envois de fonds de l'étranger. Le gouvernement pourrait également promouvoir la contestabilité (c'est-à-dire permettre l'entrée d'un troisième opérateur de réseau mobile) en : a) délivrant des licences de fourniture en gros d'accès large bande ; b) octroyant des licences aux exploitants indépendants de pylônes ; c) permettant aux fournisseurs de services Internet d'avoir des installations fixes, y compris en leur attribuant du spectre pour des services sans fil fixes ; et d) faisant de la place aux opérateurs de services universels spécialisés. Il devrait également institutionnaliser l'argent mobile comme moyen de paiement (par exemple, pour le paiement d'impôts, de factures, d'amendes ou de marchandises) et de réception de transferts monétaires sociaux ou de salaires. Les autorités doivent revoir la fiscalité applicable au secteur et renforcer l'organisme de réglementation local par le biais d'un programme complet d'assistance technique en matière de réglementation.

- *Octroyer des licences à des opérateurs de services universels désignés, ce qui devrait stimuler l'investissement dans les services de réseaux mobiles en zone rurale et accroître la disponibilité de services d'Internet mobile pour les ménages et les entreprises.* L'augmentation du nombre de licences devait faire passer la couverture géographique des réseaux mobiles à large bande de 30 % en 2019 à 45 % en 2021. En outre, permettre aux utilisateurs finaux de changer de fournisseur et d'opérateur à large bande afin de créer une infrastructure d'Internet mobile renforcerait la concurrence et réduirait les coûts de déploiement du réseau. Cette réduction de coûts devrait contribuer à accroître l'accessibilité financière des services et l'adoption de l'Internet mobile. Ainsi, le nombre d'abonnés uniques à l'Internet mobile devrait passer de 15 % en 2019 à 20 % en 2021.

PROMOUVOIR LA DIVERSIFICATION ET LES SECTEURS SUSCEPTIBLES DE CRÉER DES EMPLOIS

La productivité et le rendement social limités des activités économiques dans les zones rurales et l'accès insuffisant à l'emploi formel sont des obstacles majeurs à la croissance économique et à la réduction de la pauvreté. Le Tchad pourrait remédier à ces obstacles en favorisant des secteurs qui présentent un avantage stratégique — tels que l'agriculture, l'élevage, l'industrie légère, l'économie numérique, l'économie verte et la microfinance —, en vue d'accroître les perspectives économiques dans les zones périphériques, touchées par des conflits ou à risque. Ces secteurs remplissent les critères suivants : a) avantage comparatif révélé (ACR)[9], b) trajectoire potentielle de la demande mondiale, c) élasticité de l'emploi, et d) possibilités de création d'une valeur ajoutée locale et de diversification de l'économie. L'impact actuel et potentiel du changement climatique est également important pour déterminer l'avantage stratégique des produits et des secteurs. Le Tchad offre d'énormes possibilités d'investissement privé dans des secteurs susceptibles d'impulser une transformation structurelle, notamment l'élevage, les graines de sésame et la gomme arabique, ainsi que la production de coton, qui est la culture de rente historique.

Selon le Diagnostic-pays du secteur privé (CPSD) pour 2021 (IFC, 2021), le Tchad a un ACR important dans les produits agricoles et dans le secteur pétrolier et extractif. Ces dernières années, seuls 11 des produits agricoles du pays semblent avoir fait montre d'un ACR, notamment la gomme arabique, le sésame, le maïs, le coton brut, les tissus tissés et la ouate de fibres. Sur la base des critères d'avantage stratégique, l'agriculture et l'agro-industrie semblent présenter un fort potentiel de croissance pour le Tchad. Le potentiel de l'élevage mérite aussi d'être relevé, bien qu'il soit difficile d'en déterminer l'ACR par manque de données suffisantes. Toutefois, l'élevage a toujours été un secteur stratégique pour le Tchad, car il assure la subsistance d'une grande partie de la population et c'est lui qui tire les exportations du pays.

Accroître la productivité agricole et les exportations de bétail et soutenir l'agro-industrie légère

Pour améliorer le secteur agricole, les autorités gagneraient à envisager les actions suivantes :

- *Encourager la participation du secteur privé aux principaux marchés d'intrants agricoles et soutenir des pratiques agricoles climato-intelligentes.* Cette mesure stimulerait la productivité agricole, qui est bridée par la faible utilisation de semences et d'engrais. Le gouvernement pourrait également adopter des politiques visant à promouvoir la conservation de l'eau en : a) réglementant les prélèvements d'eau douce à des fins industrielles et b) encourageant l'utilisation de l'eau produite dans les exploitations pétrolières pour soutenir l'irrigation agricole et d'autres industries.
- *Assurer une croissance soutenue de la productivité dans l'agriculture grâce à l'innovation technologique.* Cette mesure dépendra de la disponibilité en temps voulu d'intrants améliorés tels que les semences, les engrais et les produits chimiques agricoles. Pour encourager le développement d'une industrie des engrais efficace, rentable et compétitive, il faudra adopter une approche à deux volets consistant à accroître la demande et l'offre. La demande d'engrais est très faible au Tchad actuellement, ce qui signifie que les efforts visant à améliorer l'offre seront infructueux à moins qu'ils ne s'accompagnent d'activités ayant vocation à accroître la demande effective. Les agriculteurs devraient être formés à l'utilisation de technologies et d'intrants améliorés, et soutenus dans cette entreprise. L'utilisation de technologies numériques pourrait être encouragée par l'adoption d'une approche de vulgarisation par voie électronique, en ayant notamment recours à des centres d'appels, des smartphones et des tablettes pour diffuser l'information agricole.
- *Formuler une politique foncière nationale en vue d'accroître la productivité agricole.* Le Tchad doit se doter d'une politique foncière nationale pour assurer une utilisation efficace, durable et équitable des terres à des fins de développement social et de croissance économique. L'accès à la terre, à l'eau et à d'autres ressources naturelles étant au cœur des conflits intercommunautaires croissants dans le pays, non seulement la politique foncière nationale devra veiller à ne pas aggraver les risques, mais elle devra viser à renforcer les droits des différents utilisateurs de la terre. Une politique foncière efficace permettrait de formuler des réformes et des lois appropriées en matière

foncière et de définir et mettre en œuvre des stratégies, programmes et projets qui concourent à un développement stable et durable. Cela dit, il est peu probable que le processus en cours d'examen du projet de code foncier aboutisse à une révision adéquate du régime foncier général du Tchad.

• *Adopter des politiques sectorielles pour encourager l'investissement privé.* En ce qui concerne les chaînes de valeur du sésame et de la gomme arabique, l'État gagnerait à : a) investir dans le classement par catégorie de qualité, un système de traçabilité et la gestion forestière, en faisant appel à des associations d'exportateurs et de commerçants ; b) réaffecter au sésame certaines subventions allouées actuellement aux exportations de coton pour promouvoir l'utilisation d'engrais, de semences certifiées ou d'herbicides, peut-être au moyen de bons électroniques, afin de renforcer la résilience des agriculteurs en diversifiant leur portefeuille de cultures ; c) exonérer les commerçants d'impôts dans plusieurs cantons lorsqu'ils y font passer des marchandises en transit ; d) investir dans des installations de tri aux principaux pôles commerciaux, à travers des associations d'exportateurs et d'agriculteurs ; et e) soutenir la professionnalisation de la chaîne de valeur par une action collective. S'agissant de la chaîne de valeur du coton, il est essentiel de déréglementer le marché du coton en favorisant la concurrence face à CotonTchad, en vue de rendre cette filière plus concurrentielle et de renforcer le pouvoir de négociation des agriculteurs.

• *Faire en sorte que le programme de réforme du secteur de l'élevage privilégie des politiques qui protègent la chaîne d'approvisionnement, depuis les sites de production jusqu'aux corridors commerciaux, aux postes-frontières et aux marchés de destination.* Certaines de ces politiques ont trait à la santé et concernent les procédures sanitaires, tandis que d'autres mettent l'accent sur la protection des processus de production et d'échanges commerciaux. Les parties prenantes pourraient s'organiser de manière à réduire le nombre d'intermédiaires entre les producteurs et les négociants finaux le long de la chaîne de valeur. L'investissement privé devrait également être encouragé pour moderniser les infrastructures de production et renforcer la transformation locale et la productivité. Pour ce faire, le gouvernement devrait : a) mettre en œuvre les règles régionales relatives à l'élevage, telles que les passeports pour animaux et les services vétérinaires, b) réduire le temps d'attente à la douane en multipliant les postes frontaliers et en modernisant/numérisant les procédures douanières, et c) élaborer une carte générale du secteur de l'élevage et une carte des exportations de bétail pour identifier les principaux goulets d'étranglement le long de la chaîne de valeur. Pour améliorer les inspections sanitaires et les services vétérinaires, les autorités doivent élargir le réseau d'assistants vétérinaires, les former et assurer la qualité des produits pharmaceutiques à usage vétérinaire importés. Plus important encore, le gouvernement devrait investir dans l'infrastructure de la chaîne du froid et les services logistiques à température contrôlée et promouvoir l'application de normes de qualité et de certification pour passer de l'exportation de bovins vivants à celle de produits de l'élevage.

• *Soutenir la transformation légère — principalement dans les filières du cuir, du coton et du lait — afin de diversifier l'économie.* Bien que de nombreux produits de ces filières soient volumineux et donc coûteux à transporter pour un pays pauvre en infrastructures comme le Tchad, ils disposent d'un marché dans les pays voisins. La situation géographique du Tchad en Afrique centrale est également un atout, le pays se positionnant comme un pôle manufacturier régional[10].

Soutenir l'économie numérique, élargir l'accès au crédit et promouvoir les paiements numériques

Pour soutenir l'économie numérique, élargir l'accès au crédit et promouvoir les paiements numériques, les autorités devraient envisager les actions suivantes :

- *Combler le fossé numérique entre les zones et populations urbaines, semi-urbaines, rurales et marginalisées, et entre les hommes et les femmes, afin d'assurer une croissance inclusive et de promouvoir le développement économique.* Le Tchad devrait continuer à élargir l'utilisation des technologies de connectivité numérique à l'ensemble du pays en trois étapes clés à suivre en parallèle (Decoster, 2019) :
    - Étape 1. Le Tchad assure la mise en place d'un cadre institutionnel propice à la collaboration et au dialogue entre toutes les parties prenantes, met à disposition toutes les données sur le marché et renforce la transparence et l'efficacité des institutions compétentes.
    - Étape 2. Le Tchad offre un cadre institutionnel favorable à l'investissement privé dans l'économie numérique en : a) abaissant les barrières à l'entrée pour de nouvelles entreprises innovantes grâce à un système souple de délivrance d'autorisations et de licences, b) réduisant les coûts grâce à la facilitation de l'acquisition de droits de passage, c) assurant le bon fonctionnement du marché de gros pour les liaisons internationales grâce à la mise en service de la fibre optique au Soudan, d) établissant un point d'échange Internet, et e) déterminant l'impôt de sorte qu'il favorise le développement du secteur privé.
    - Étape 3. Le Tchad étudie un plan de promotion d'investissements majeurs dans l'extension de la connectivité numérique par l'allocation de subventions publiques destinées à combler la fracture numérique dans les zones rurales ou reculées qui pâtissent des défaillances persistantes du marché (c'est-à-dire de l'absence d'opérateurs privés à cause d'une très faible rentabilité).
- *Renforcer la connectivité numérique, par exemple, en restructurant l'entreprise publique en place (Sotel) et en introduisant un modèle de libre accès au marché de gros.* Cette mesure prévoit la promotion de la concurrence en autorisant l'entrée d'un troisième opérateur de réseau mobile (par exemple, en délivrant une licence pour les exploitants indépendants de pylônes, en permettant aux fournisseurs de services Internet d'avoir des installations fixes, et en introduisant des plateformes spécialisées au service des usagers) ; et en réduisant le coût de la connectivité numérique par le partage des infrastructures (par exemple, en délivrant des licences pour la fourniture en gros d'accès large bande) et en révisant la fiscalité applicable au secteur des technologies de l'information et de la communication.
- *Remédier aux faiblesses structurelles du paysage financier tchadien mises en évidence par la crise de la COVID-19.* Cette mesure pourrait aider le pays à se reconstruire en mieux, en améliorant l'accès au crédit et l'inclusion financière. Un système financier plus numérisé, dont l'argent mobile est l'un des principaux moteurs, pourrait accroître l'inclusion financière des groupes marginalisés et améliorer la productivité en réduisant les coûts de transaction

et en stimulant l'innovation. Dans ce pays géographiquement vaste confronté à des problèmes de sécurité, les services financiers numériques peuvent jouer un rôle important sur le plan économique, social et même sécuritaire.

- *Concevoir et mettre efficacement en œuvre des politiques clés pour améliorer l'accès au financement et l'inclusion financière.* Ces politiques doivent : a) soutenir la transformation numérique des services financiers afin d'accroître la concurrence et d'assurer l'interopérabilité et l'accès équitable aux données de services supplémentaires non structurées ; b) poursuivre la dématérialisation des paiements publics (versements et retraits) par le biais de plateformes numériques qui intègrent les paiements mobiles pour les salaires, les transferts et les impôts, par exemple ; c) appuyer la création d'un registre de propriété pour réduire les délais et les coûts d'enregistrement d'un bien ; d) soutenir la création d'un mécanisme de partage des risques qui fournit des garanties partielles aux institutions financières afin d'accroître le volume de prêts (en réduisant les risques associés) alloués aux petites et moyennes entreprises (à travers différents guichets) ; et e) soutenir le développement de la microfinance en répondant à des besoins structurels tels que la supervision et l'accès aux ressources financières. Étant donné que la réglementation et la supervision des institutions multilatérales de microfinancement sont assurées par le ministère des Finances, les autorités doivent encourager l'adoption de pratiques de microfinancement durables afin de développer ce secteur, qui joue un rôle unique en desservant les ménages les plus pauvres et en renforçant la confiance du public dans l'ensemble du système financier.

NOTES

1. Cette réforme n'en est qu'à ses débuts ; il faut du temps pour qu'elle soit pleinement effective. Un engagement politique, technique et financier fort sera nécessaire pour maintenir le cap.
2. Enfants handicapés, enfants sous-alimentés, jeunes mères, etc.
3. La densité du personnel de santé au niveau national était estimée à 0,58 pour 1 000 habitants en 2016, avec de fortes disparités régionales qui touchent particulièrement les régions rurales, difficiles d'accès ou touchées par des conflits, où vivent les personnes les plus vulnérables. En revanche, la norme de l'OMS pour atteindre les Objectifs du Millénaire pour le développement d'ici 2015 était de 2,3 pour 1 000 habitants (World Bank, 2019).
4. Le niveau actuel de financement de la santé publique est bas, ce qui entrave la mise en œuvre de réformes propices à l'accumulation du capital humain tout en faisant peser une lourde charge financière sur les ménages.
5. DHIS2 est une plateforme Web d'accès libre souvent utilisée comme système d'information pour la gestion de la santé (https://dhis2.org/about/).
6. Ceux-ci couvrent actuellement une sélection de bénéficiaires dans les communautés d'accueil et les réfugiés des neuf zones d'accueil du pays, et se limitent aux camps et aux 25 kilomètres environnants, bien qu'il soit prévu à titre exceptionnel qu'ils soient étendus aux zones urbaines dans une certaine mesure en 2021, en réponse à la COVID-19. Ils sont soutenus par le Projet d'appui aux réfugiés et aux communautés d'accueil financé par le Groupe de la Banque mondiale à travers le Guichet pour les communautés d'accueil et les réfugiés.
7. Par exemple, en améliorant la législation et en renforçant les capacités du ministère des Finances et des ministres de tutelle à assurer la surveillance, la gestion de la dette et la transparence dans la gestion des entreprises et établissements publics.
8. La mise en œuvre du Plan d'urgence pour l'accès à l'électricité adopté en 2020 pourrait constituer une première étape.
9. L'ARC est défini sur la base de la théorie ricardienne du commerce selon laquelle l'évolution des échanges commerciaux entre les pays est régie par leurs différences relatives en

matière de productivité. Bien que ces différences soient difficiles à observer, un indicateur ARC peut être calculé facilement à l'aide de données commerciales pour les révéler. Cet indicateur peut être utilisé pour donner une idée générale et une première approximation des atouts compétitifs d'un pays à l'exportation, sans préjudice de mesures appliquées à l'échelon national qui influent sur la compétitivité, telles que les mesures tarifaires ou non tarifaires, les subventions, etc. Lorsqu'un pays dispose d'un ARC pour un produit donné (ARC >1), on en déduit qu'il est un producteur et un exportateur compétitifs de ce produit par rapport à un pays qui produit et exporte ce produit au niveau ou en dessous de la moyenne mondiale. Un pays ayant un ARC pour un produit déterminé est considéré comme étant une puissance d'exportation pour ce produit. Plus la valeur de l'ARC d'un pays pour ce produit est élevée, plus sa puissance d'exportation est élevée pour ce produit.

10. Voir le CPSD 2021 pour en savoir plus (IFC, 2021).

RÉFÉRENCES BIBLIOGRAPHIQUES

Decoster, X. 2019. « Note de politique sectorielle TICs au Tchad (P168380). » World Bank, Washington, DC. https://imagebank2.worldbank.org/search/31115117.

IFC (International Finance Corporation). 2021. « Creating Markets in Chad: Taking Advantage of All Your Potential, 2021 Country Private Sector Diagnostic (CPSD) . » World Bank, Washington, DC.

World Bank. 2019. « Chad Public Expenditure Analysis: Fiscal Space for Productive Social Sectors Expenditure . » World Bank, Washington, DC. https://openknowledge.worldbank .org/handle/10986/34616.

World Bank. 2021. « Chad: The Economic Benefits of a Post-COVID-19 Gender-Equitable Society. » World Bank, Washington, DC. https://openknowledge.worldbank.org /handle/10986/36444.

5 Lacunes en matière de connaissances

La Banque mondiale a entrepris depuis 2016 un important programme de services d'analyse et de conseil (*Advisory Services and Analytics* [ASA]) pour déterminer les lacunes en matière de connaissances et de données. C'est ainsi qu'un examen des dépenses publiques (EDP) a été effectué en 2019, une évaluation de la pauvreté et une évaluation des risques et de la résilience (*Risk and Resilience Assessment* [RRA]) ont été réalisées en 2021, et une enquête auprès des ménages a été menée en 2018-2019 pour recueillir des données actualisées sur les indicateurs de la pauvreté. D'autres initiatives de services d'analyse et de conseil ont également été menées à bien dans les domaines de l'éducation, du genre, de la santé, de la protection sociale, des industries extractives, de l'eau, de l'agriculture, de l'environnement, du climat, des risques et de la résilience et de la passation des marchés, ainsi que dans le secteur financier (tableau 5.1).

Au cours des cinq prochaines années, la Banque mondiale prévoit de produire un mémorandum économique sur le pays et un rapport national sur le climat et le développement (CCDR) dans le G5 Sahel[1]. Elle envisage également de réaliser une nouvelle évaluation de la pauvreté et un nouvel EDP pour le Tchad. Le CCDR permettra de faire un état des lieux sous le prisme du climat, afin de chercher des solutions plus efficaces face au changement climatique. Il comprendra également une étude complète de l'économie du changement climatique. La Banque mondiale procèdera également à une analyse de l'environnement national, dans le but d'aider le gouvernement tchadien à comprendre les principaux défis environnementaux qui influent sur le développement et de recommander des moyens d'action à l'épreuve du climat pour soutenir le renforcement des capacités, l'élaboration des politiques et les investissements en faveur d'une économie verte.

En outre, des efforts seront entrepris pour accroître l'efficacité des réformes et des interventions dans le secteur de l'énergie. Ces efforts nécessiteront des travaux d'analyse, notamment : a) une cartographie plus détaillée du système d'information géographique pour identifier les zones prioritaires pour le réseau électrique principal, les mini-réseaux et les systèmes solaires à usage domestique sur la base d'une analyse de la demande ; b) une enquête sur la capacité et la disposition des ménages à payer pour les services d'électricité ; c) des études

TABLEAU 5.1 Services d'analyse et de conseil au Tchad, 2016–2021

ASA — Ex.16-17

Pas d'ASA

ASA — Ex.18

ID de la tâche	GP principal/ Thématiques mondiales	Intitulé de la tâche
P132615	Éducation	Éducation et développement des compétences pour promouvoir la compétitivité au Tchad
P156857	Énergie et industries extractives	Initiative pour la transparence dans les industries extractives — post-conformité
P164426	Énergie et industries extractives	Note sur le secteur de l'électricité au Tchad
P165292	Macroéconomie, commerce et investissement	Étude sur la croissance au Tchad

ASA — Ex.19

ID de la tâche	GP principal/ Thématiques mondiales	Intitulé de la tâche
P164477	Pauvreté et équité	Programme de lutte contre la pauvreté au Niger et au Tchad
P166711	Protection sociale et travail	Tchad — Renforcement des systèmes de protection sociale et adaptation de ces systèmes à la crise des réfugiés
P167723	Eau	Note sectorielle sur l'approvisionnement en eau et l'assainissement au Tchad
P168380	Développement numérique	Développement du secteur des TIC au Tchad
P168773	Macroéconomie, commerce et investissement	Tchad — Examen des dépenses publiques
P168813	Compétitivité et innovation du secteur financier	Note sur le secteur financier au Tchad

ASA prévu pour les exercices 20 et 21

ID de la tâche	GP principal/ Thématiques mondiales	Intitulé de la tâche
P153910	Protection sociale et travail	Tchad — Programme de protection sociale adaptative
P165092	Éducation	Tchad — Prestation de services
P166399	Énergie et industries extractives	Tchad — Diagnostic du secteur pétrolier (réalisé)
P169177	Gouvernance	Évaluation de la passation des marchés publics au Tchad à l'aide de MAPS II
P171550	Pauvreté	Évaluation de la pauvreté
P171690	Macroéconomie, commerce et investissement	Tchad – Avantages économiques d'une société non sexiste
P167721	Agriculture	Régime foncier et système de production agricole en milieu rural au Tchad
P168359	Développement social, urbain et rural et résilience	Tchad – Mise en service du Mécanisme d'intervention rapide de l'IDA
Ex. 20	FCV	Évaluation des risques et de la résilience
Ex. 20	Macroéconomie, commerce et investissement	SCD

Source : Banque mondiale.

Note : ASA = Services d'analyse et de conseil (*Advisory Services and Analytics*); GP = Pôle mondial d'expertise; TIC = technologies de l'information et de la communication; FCV = fragilité, conflit et violence; MAPS II = méthodologie d'évaluation des systèmes de passation des marchés — version II; SCD = diagnostic-pays systématique (*Systematic Country Diagnostic*).

sur les mini-réseaux ; d) un plan de production au moindre coût fondé sur des principes économiques ; e) une évaluation des éléments qui pourraient être inclus dans la stratégie nationale d'électrification ; et f) une évaluation des composantes d'un programme de protection des recettes basé sur un modèle financier solide. En outre, les autorités doivent a) réformer les entreprises publiques ; b) assurer un meilleur déploiement des ressources de l'État dans l'ensemble du pays ; c) remédier aux faiblesses de l'administration publique ; d) améliorer la performance de la fonction publique ; et e) adopter une démarche pragmatique d'amélioration de la mobilisation des recettes non pétrolières.

Il faut faire plus pour combler le déficit de données. L'élaboration de politiques efficaces pour réduire la pauvreté et promouvoir une prospérité partagée nécessite des informations crédibles sur la nature, l'étendue, les causes et l'impact de la pauvreté et des inégalités. Dans un contexte caractérisé par la montée de l'insécurité, de la fragilité et des conflits, non seulement cela implique une meilleure prise en compte des risques connexes, mais cela offre également la possibilité de soutenir l'action des pouvoirs publics en matière de prévention des conflits et de résilience. Pour recueillir ces informations, on a besoin d'un système efficace de mesure des niveaux de vie, de la pauvreté et des inégalités au niveau individuel et sociétal. Les autorités doivent être en mesure de comparer la situation relative de différents groupes socioéconomiques et d'évaluer l'impact des interventions sur la population cible. Il est également important de déterminer si la pauvreté est en grande partie chronique ou transitoire. Ce type de système de données soutient la gestion axée sur les résultats, une approche de gestion du secteur public qui utilise les informations sur la performance et les résultats pour améliorer la prise de décision.

Il est nécessaire de renforcer la collecte de données sectorielles et administratives. Depuis 1973, le pays n'a pas réalisé de recensement agricole, alors que cela est essentiel pour évaluer le secteur agricole et faire des projections de la production agricole sur la base d'enquêtes permanentes. La dernière enquête sur l'élevage a été réalisée en 2014, ce qui signifie qu'elle ne peut pas informer les décideurs. En outre, la collecte de données sur les secteurs de l'éducation, de la santé, des mines et du pétrole, qui est essentielle pour suivre l'accumulation du capital humain, est entravée par le manque de financement et de personnel qualifié.

Il est aussi nécessaire d'étendre la collecte de données à de nouveaux domaines tels que les entreprises, l'électricité, les technologies numériques, la fragilité, la violence et les infrastructures. Compte tenu de l'importance de la population jeune au Tchad, la promotion du secteur privé est essentielle pour garantir la disponibilité d'emplois pour les nouveaux entrants sur le marché du travail. Cela dit, le pays ne dispose pas d'une enquête permanente auprès des entreprises pour suivre l'évolution de l'emploi dans les secteurs formel et informel. Ce déficit d'information doit être comblé pour soutenir la transformation structurelle de l'économie. De même, il n'existe pas d'enquête nationale auprès des ménages/entreprises pour aider à comprendre la demande et la consommation d'électricité et de technologies numériques, même si le manque d'accès à l'électricité est un obstacle majeur au développement du Tchad, tandis que les technologies numériques constituent une importante opportunité économique. Les données sur la fragilité et les conflits doivent également être collectées systématiquement et intégrées dans d'autres travaux d'analyse afin d'éclairer l'élaboration des politiques et d'orienter les investissements.

Le Tchad doit investir dans la mise en place de systèmes d'alerte précoce innovants, économiques et fondés sur des données qui pourraient soutenir la prise de décision en temps de crise. Chaque année, le pays est confronté à divers chocs saisonniers — tels que le paludisme, les inondations et l'insécurité alimentaire — qui touchent de nombreux ménages. Cependant, l'absence de systèmes d'alerte précoce empêche le gouvernement d'anticiper ces phénomènes et d'y réagir rapidement. La pandémie de COVID-19, qui a eu un impact négatif considérable sur les ménages et l'économie du pays, a mis en évidence l'importance de ces systèmes. Les enquêtes à haute fréquence par téléphone, par exemple, fournissent des données de haute fréquence peu coûteuses pour suivre l'impact de la pandémie de COVID-19 et éclairer les politiques et programmes pour y faire face.

Il est également possible d'investir pour tirer parti des innovations récentes en matière de données géospatiales de haute qualité et de techniques d'apprentissage automatique. La disponibilité d'images satellitaires et de données géospatiales de haute fréquence et de haute qualité à un coût abordable peut aider à combler le déficit de données sur le lieu de résidence des populations, les modes d'établissement et d'utilisation des terres, les réseaux de transport, les temps de déplacement et les risques climatiques, etc. Ces données peuvent également être complétées par des données administratives liées et géoréférencées sur l'emplacement des établissements afin d'évaluer de manière crédible les lacunes en matière de services et d'éclairer objectivement les décisions sur les investissements dans de nouvelles installations et sur la manière de rapprocher les services des populations, en particulier celles qui vivent dans les zones rurales et isolées.

Enfin, le Tchad gagnerait à investir dans un système de données de haute qualité générées par les citoyens. Un tel système viendra compléter d'autres sources de données en cartographiant les infrastructures locales et les actifs communautaires, et fournira des retours d'information fréquents sur la disponibilité et la qualité des services. L'investissement dans des sources de données supplémentaires et complémentaires contribuera également à éclairer les travaux d'analyse nécessaires qui sont conçus pour définir collectivement des politiques et des interventions efficaces à l'appui du développement. Cela aidera les autorités à mesurer l'empreinte de l'État (ou son absence) dans l'ensemble du pays et à mettre en place des incitations à une plus grande éthique de responsabilité, en améliorant les techniques d'analyse actuelles qui reposent uniquement sur des enquêtes et des recensements à basse fréquence.

NOTE

1. Burkina Faso, Mali, Mauritanie, Niger et Tchad.

ANNEXE A

Référentiel du diagnostic systématique du Tchad

TABLEAU A.1 **Base de comparaison pour le diagnostic-pays systématique, Tchad**

GROUPES DE PAYS	PAYS VOISINS ET PAYS MEMBRES D'ORGANISATIONS RÉGIONALES CLÉS	NIVEAU VISÉ
CEMAC	Burkina Faso	Botswana
FCS	Cameroun	Côte d'Ivoire
G5 Sahel	République centrafricaine	Rwanda
Pays à faible revenu	Congo, République du	Sénégal
Afrique subsaharienne	Guinée équatoriale	
	Gabon	
	Libye	
	Mali	
	Niger	
	Nigéria	
	Soudan du Sud	
	Soudan	

Source : Banque mondiale.
Note : CEMAC = Communauté économique et monétaire de l'Afrique centrale ; FCS = États fragiles et touchés par un conflit ; G5 Sahel = Burkina Faso, Mali, Mauritanie, Niger et Tchad.

Parties prenantes des consultations au Tchad

TABLEAU B.1 Consultations des parties prenantes au Tchad, 13–17 septembre 2021

NOM ET PRÉNOM (S)	FONCTION	INSTITUTION
Gouvernement		
Aboubakar Adam Ibrahim	Directeur général de l'économie	Ministère de l'Économie, de la Planification du Développement et de la Coopération internationale (MEPDCI)
Douzounet Mallaye	Directeur de l'analyse et des études prospectives	Ministère de l'Économie, de la Planification du Développement et de la Coopération internationale
Gadom Djal Gadom	Directeur des stratégies et de la politique économique	Ministère de l'Économie, de la Planification du Développement et de la Coopération internationale
Dobingar Allesembaye	Directeur général des études et de la prévision	Ministère de l'Économie, de la Planification du Développement et de la Coopération internationale
Saleh Idriss Goukouni	Directeur des études et de la prévision	Ministère des Finances et du Budget
Oumar Lamana	Directeur de la planification	Ministère des Infrastructures et du Désenclavement
Allabaye Jean François	Chef de la Division du suivi et de l'évaluation	Ministère des Infrastructures et du Désenclavement
Ziang Saint Leon	Coordonnateur de la cellule de suivi des projets	Ministère des Infrastructures et du Désenclavement
Konodji GuelngarRoland	Directeur général technique	Ministère des Postes et Télécommunications
Banbo Dihoulne Tchoubobe	Directeur de la promotion du secteur privé	Ministère du Commerce et de l'Industrie
Martine Dangar	Secrétaire général	Ministère de la Femme, de la Famille et de la Protection de l'Enfance
Nadjwa Mahamat Abdel-Bagui	Directeur général adjoint	Institut national de la statistique, des études économiques et démographiques
Ahmat Souleyman	Directeur des statistiques économiques	Institut national de la statistique, des études économiques et démographiques
Noubadiguim Ronelyam Baye	Chef du Département des études démographiques et de la cartographie	Institut national de la statistique, des études économiques et démographiques
Bou-Ah Ban-Orngue	Directeur de la gestion de l'information et de l'informatique	Institut national de la statistique, des études économiques et démographiques

(suite page suivante)

TABLEAU B.1 *(suite)*

NOM ET PRÉNOM (S)	FONCTION	INSTITUTION
Partenaires techniques et financiers		
Guimsi Wilffrid	Représentant résident	Banque de développement des États de l'Afrique centrale
Carton Didier	Chef de délégation par intérim	Union européenne
Vingut Lorenzo	Chef d'équipe du projet sur la bonne gouvernance	Union européenne
Maracchi Nicolas	Chef de l'équipe Infrastructures	Union européenne
Kirsch Felix	Coordonnateur du portefeuille	GIZ (Agence allemande de coopération internationale)
Felbes Hans Reudolf	Directeur adjoint	Coopération suisse
Secteur privé		
Betoloum Alexis	Directeur général	Association des professionnels de la microfinance
Ibrahim Adoum	Directeur, gestion des risques	Banque agricole du Chari
Annour Djidda	Directeur des études et de la planification	Banque de l'habitat du Tchad
Noubasra Natolban	Directeur général	UBA, Tchad
Ouang Rebele	Directeur général	SAFAR Assurances
Castro Jean-Marie	Directeur général	Brasseries du Tchad
Allahisem Bienvenu	Représentant du Président	Conseil national du patronat tchadien
Colette Dinguimbaye	Directeur général	Clinique Providence
Habib Ibn Arabi	Directeur général adjoint	Ecobank Tchad
Moustapha Ali Abakar	Directeur financier	Société Générale, Tchad
Société civile		
Mbairiss N. Blaise	Secrétaire général	Syndicat des enseignants du Tchad
Brahim Ben Seid	Secrétaire général	Confédération libre des travailleurs du Tchad
Younouss Abdoulaye	Enseignant-chercheur et point focal pour les ODD	Université de N'Djaména
Themoi Demsou	Enseignant-chercheur	Université de N'Djaména
Awat Hissein Mahamat	Enseignant-chercheur	Université de N'Djaména
Assadek Ibrahim	Étudiant	Université de N'Djaména
Gag Arnaud	Coordonnateur national	
Alhoroum Ningayo	Chef de mission	Centre de récupération des enfants déshérités au Tchad (CREDT)